パーフェクトレッスンブック

ミニバスケットボール 基本と能力アップドリル

監修 大熊徳久（陶鎔ミニバスケットボールクラブ監督）

実業之日本社

PERFECT LESSON BOOK

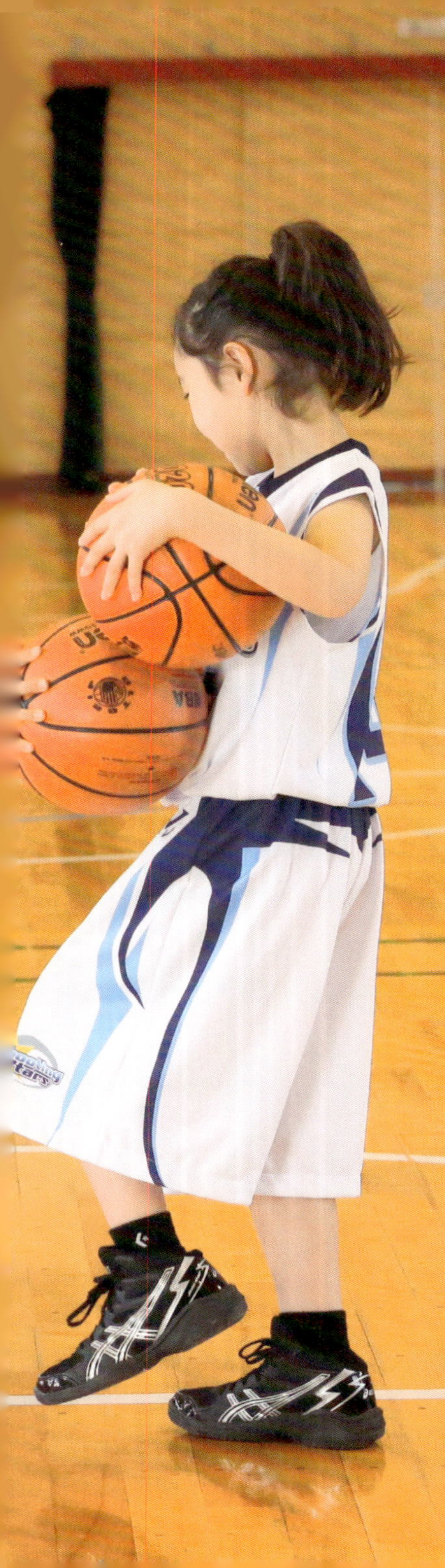

練習に遊びの要素を取り入れ、いろいろな動きを加えていきましょう

　バスケットボールを始めたばかりの小学生にとって、大事なことはバスケットボールを好きになること。そして基本をおぼえることです。シュート、ドリブル、パス、そしてディフェンス、すべてに共通してそれは言えることです。基本プレーをしっかりと身に付けることによって、体の成長とともに難しいプレーもできるようになるはずです。

　しかし基本が大事だからといって毎日同じ練習ばかりくり返していたら、選手はあきてしまいます。そこで私は小学生にバスケットボールを指導するなかで、前日と同じ練習ばかり行うのではなく、練習方法や内容を少しずつ変えるようにしています。ちょっとしたくふうを加えることで、選手は前向きに取り組むようになるからです。

まえがき

　そこでみなさんにおすすめしたいのは、遊びの要素を含めた練習です。一見するとバスケットボールのプレーとは違う動きに見える練習もありますが、遊びの要素を取り入れ、いろいろな動きを加えることによって選手のさまざまな能力をのばすことができます。このような練習は「コーディネーションドリル」と呼ばれています。

　本書では、バスケットボールの基本や競技性を理解してもらいつつ、このコーディネーションドリルもたくさん紹介していこうと思います。このドリルのとくちょうについては第6章でくわしく説明しますが、まずは練習方法をおぼえて楽しむことから始めましょう！　バスケットボールは「走る」「止まる」「飛ぶ」「つかむ」「投げる」という運動の要素がつまったスポーツです。ぜひ、楽しんで長くつづけてください。

大熊徳久

第1章 シュートを打ってみよう！

もくじ

もくじ

第6章　コーディネーションドリル

もくじ

TOKYO
7

第1章

シュートを打ってみよう!

得点の取り方をおぼえる

ポイント

「4メートル」を目標に

相手のファウル（198 ページ）をうけると、フリースローというシュートのチャンスがもらえます。そのラインはゴールから「4メートル」。ここからシュートを決めることを目標にしましょう。

ゴールにボールを入れてみよう

バスケットボールは、球技のなかでもっとも大きなボールを使うチームスポーツです。そのボールを自分より高いところにあるゴールに入れることによって得点になります。その得点が多いチームが勝ちとなります。

大きなボールを高いところにあるゴールに入れるだけに、はじめて行う選手にとっては、難しく感じるかもしれません。

『ボールがゴールまでとどか

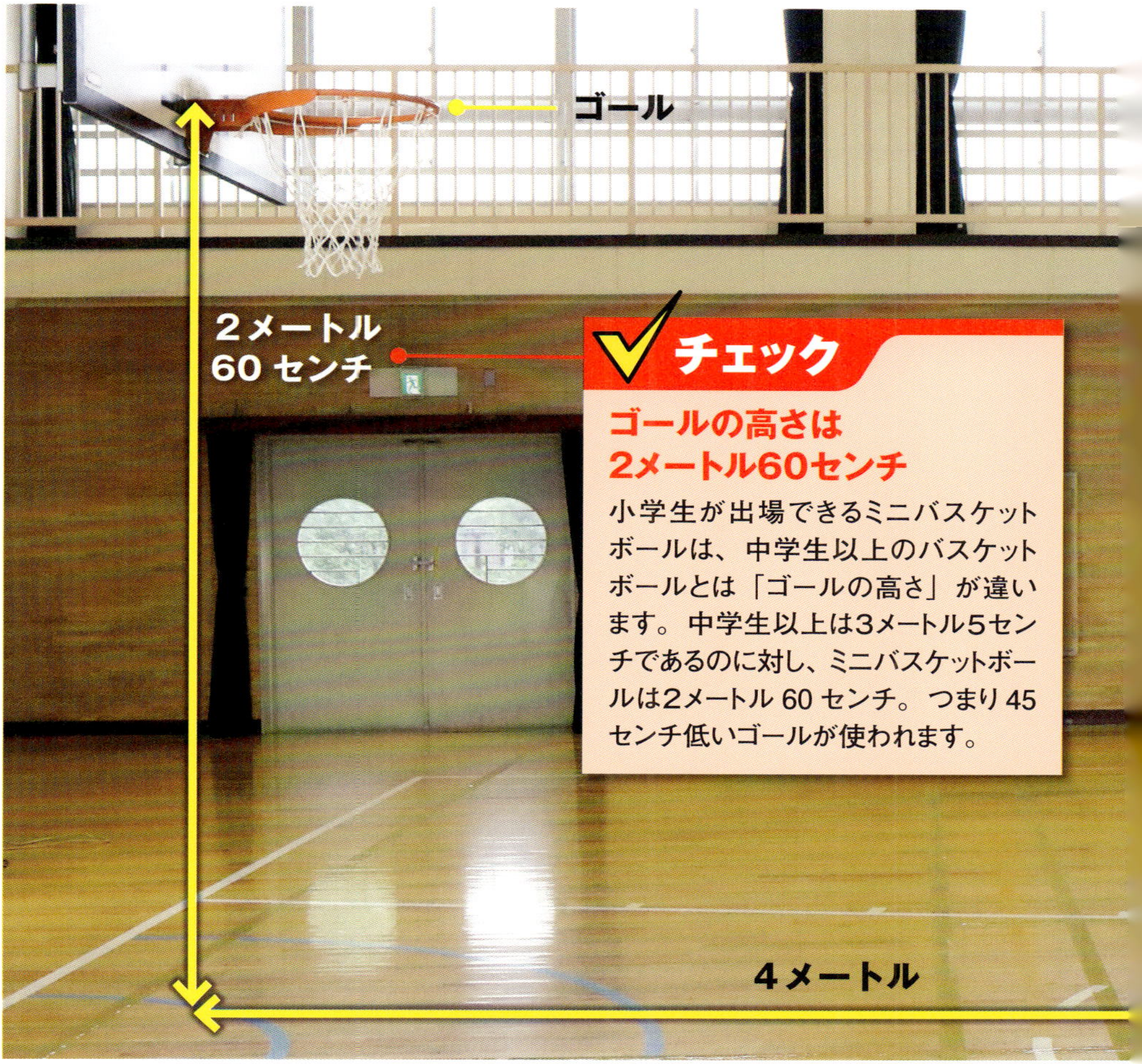

チェック

ゴールの高さは2メートル60センチ

小学生が出場できるミニバスケットボールは、中学生以上のバスケットボールとは「ゴールの高さ」が違います。中学生以上は3メートル5センチであるのに対し、ミニバスケットボールは2メートル60センチ。つまり45センチ低いゴールが使われます。

ない…』

『ボールを強く投げすぎて、はね返ってきてしまう…』

『ボールがなかなかゴールに入らない…』

でも大丈夫です。この本を読んで練習すれば、自分でも驚くくらいにシュートが入れられるようになるはずです。シュートが少しずつ決まり出すと、もっと決めたくなるはず。それがバスケットボールの一番の楽しさです。

さあ、ボールを持って、ゴールの前に立ってみましょう。失敗することをおそれることはありません。ボールをゴールの方向に投げて入れようとしてみてください。そのシュートが入ったら自信を持って、何度も打ってみましょう!

基本姿勢を身につける

背中
体を起こして、前かがみになりすぎないようにします

顔
まわりが見えるように顔をあげます

きき手
親指、人差し指、手首でＹ字をつくり、人差し指を立てるとひじが開きません

ひざ
すぐに動き出せるように、ひざを少し曲げます

両足
肩幅くらいに両足を開きます

なんでもできるかまえをとってみよう

ボールを持った時には、得点を決めるシュートのほかに、フロア（体育館の床）にボールをつくドリブル、なかまにボールを渡すパスがあります。そしてシュート、ドリブル、パス、これら3つのプレーにスムーズに移行できる姿勢を心がけてください。この基本姿勢のことを「トリプルスレット」と言います。

このページの写真のようになるようにボールを持ってかまえてみましょう。

アレンジ

次の動きにスムーズに移ることができる姿勢を

手を足のつけ根に入れてはさんでみてください。そうすることで、次の動きにスムーズに移ることができる低い姿勢がとれるようになります。ボールを使わずにまずはこの姿勢をおぼえることから始めるのもよいでしょう（下の写真）。棒立ちになったり、前かがみになりすぎないように気をつけてください。

ボール
きき手のほうにボールをよせます

きき足
きき足を足の指分くらい前に出します

シュートフォームをつくる

正面から
トリプルスレットの基本姿勢で、かまえます
ボールを持ちあげていきます

片手にボールをのせるシュートをおぼえよう

日本国内では両手でシュートを打つ選手が目立ちますがワンハンド、すなわち片手にボールをのせるシュートが打てることにより、シュートフォームが安定します。シュートの方向や距離が調整しやすくなるのです。

最初はボールがリングにとどかないかもしれません。それでもゴールのすぐそばから打ってみましょう。きれいなフォームで打てるようになると、シュートが少しずつ決まるようになります。

ポイント

ボールを まっすぐにとばす

ボールをきき手にのせ、親指、人指し指、手首がY字になるようにします。そして、きき手側の肩とひざと足が一直線になると、ボールがまっすぐにとびやすくなります。さらにきき手の指が、ゴール(リング)に入るイメージでシュートを打つと、ゴールからずれにくくなります。

下半身の力を手に伝えていくようにして、ひじをのばしていきます

ボールにバックスピン(逆回転)をかけるように意識し、打った後の姿勢を残します

シュートフォームを横から確認する

横から

② ひざをのばしながら、ボールを持ちあげていきます

① トリプルスレットの基本姿勢でかまえます

手を真上にあげるイメージで逆の手はそえるだけ

前のページではワンハンドシュートを前から見ましたが、このページでは横から見てみます。こうすることで、手があがる角度などをチェックすることができます。

ボールを力まかせに前に押し出すようなシュートだと、ボールが直線的にとんでいきます。これでは高いところにあるゴールに入らないので、手を真上にあげるイメージで打ってみてください。

そしてきき手とは逆の手、右ききの選手であれば、左手はボールの横からそえるだけです。左ききの選手であれば、右手はボールの横からそえるだけです。

第1章 シュートを打ってみよう!

ポイント

手を高く上げよう

手が耳の横まで来るくらいに高くあげて、ボールに大きなアーチ（弧）を描かせることがポイントです。これについては24ページでもくわしく説明します。そしてボールにバックスピン（逆回転）をかけることによって、シュートが決まりやすくなります。

③ ボールにバックスピン（逆回転・20ページ）をかけるように意識し、ひじをのばしていきます

✕ わるい

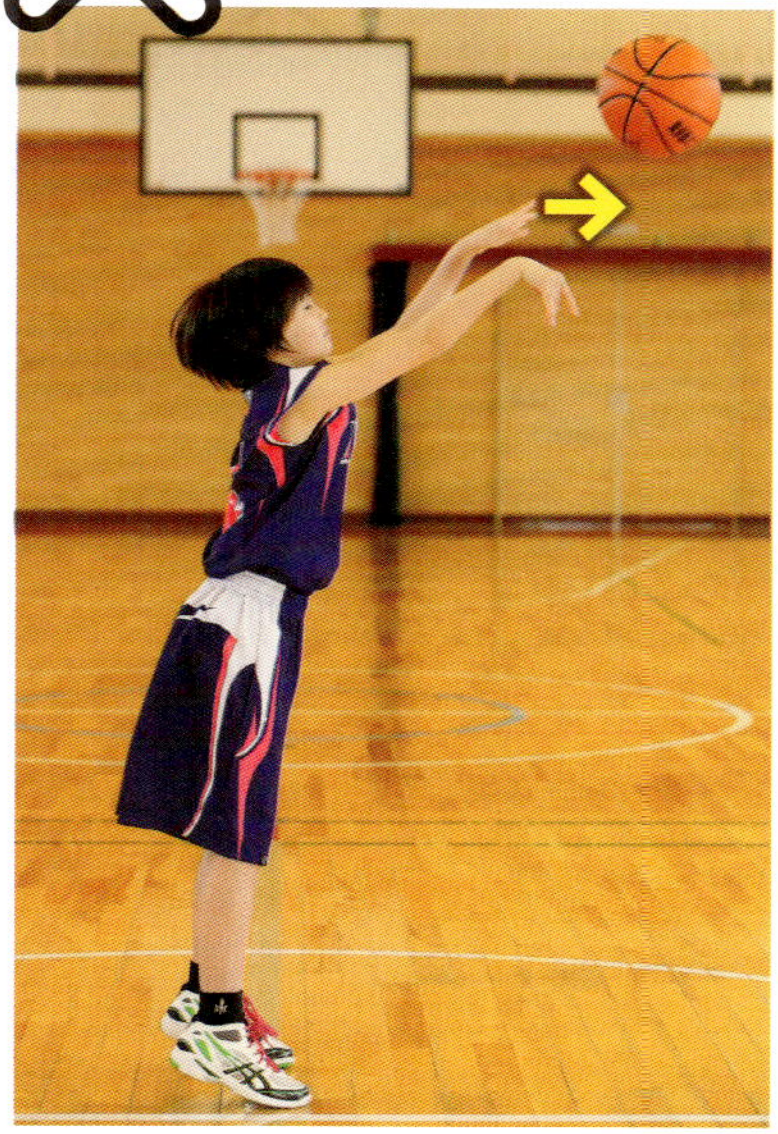

ボールを前に押し出すようなシュートだと、シュートが入りにくくなるので注意しましょう

④ 下半身の力を手に伝えていくようにして、指は軽くつまむようなイメージで打った後の姿勢を残します

シュートを決めるコツ①

ボールを手離す指を知っておく

手のひらからボールをフロアーに落としてみよう

シュートを打つ時にボールを手離す瞬間、最後までボールにふれている指を意識することが大切です。ためしにボールを手のひらにのせて、フロアーに落としてみてください。多くの選手は、中指が最後までさわっていると思います。つまり中指でボールを手離しているということです。

次にボールが手から離れる瞬間、人差し指と中指を上に向けてはじいてみましょう。実際のシュートでこのように指を動かすことで、ボールにバックスピン（逆回転）がかかり、シュートが入りやすくなります。

そのまま落とす

手のひらにボールをのせます
ゆっくりとボールをころがします
指を意識します
ボールが最後に中指から離れたことを確認します
TOKYO

ボールをはじく

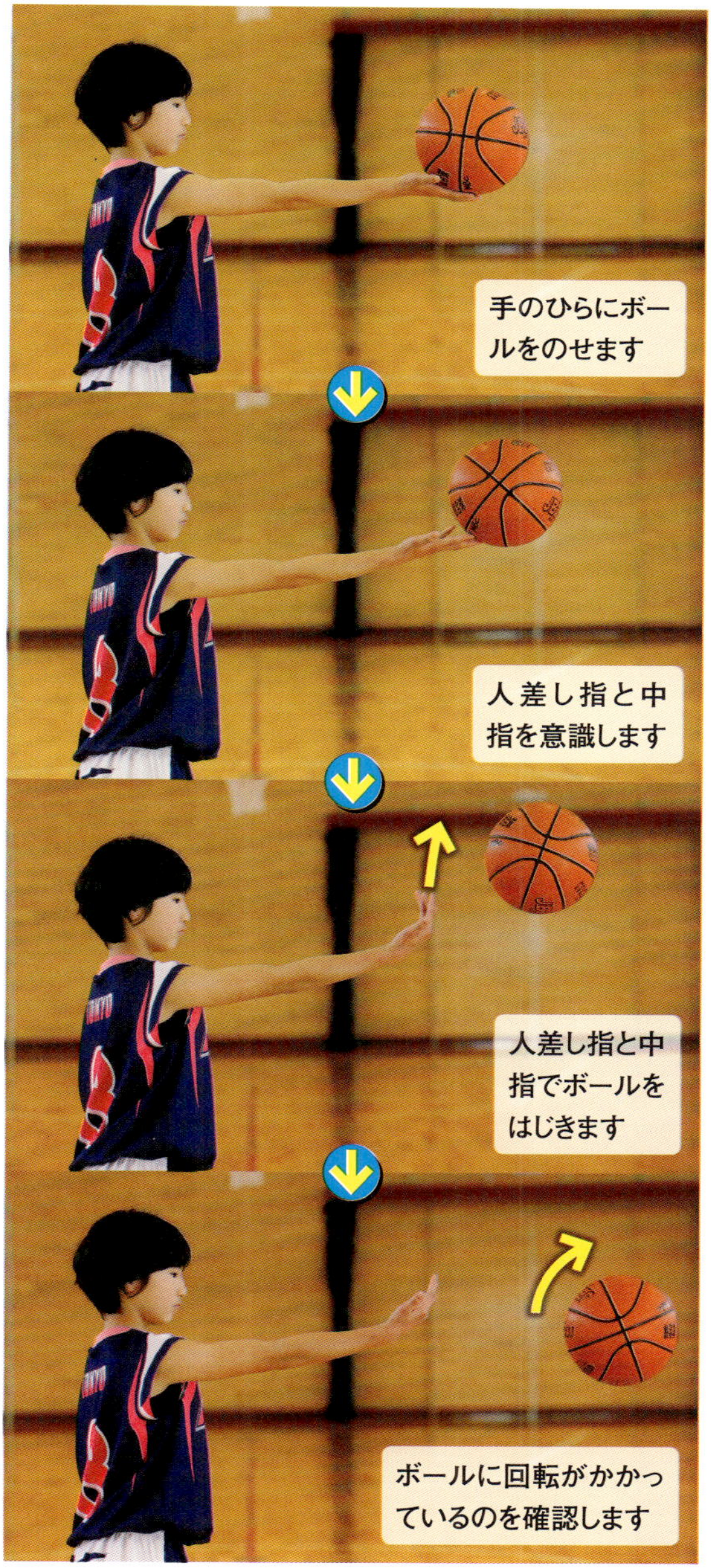
手のひらにボールをのせます
人差し指と中指を意識します
人差し指と中指でボールをはじきます
ボールに回転がかかっているのを確認します

チェック

最後はつまむように

右の写真のように、人差し指と中指でボールをはじいたら、最後はボールをつまむようにしてみましょう。

シュートをまっすぐ打てるように

2人がそれぞれ、きき足をラインにのせます
人差し指を立てます
足ー肩ー手ーボールがのっている状態からプッシュパスを出します
TOKYO
6
10

体育館のラインを使ってボールをまっすぐ投げる

シュートを打った時に、ゴールに対してボールがまっすぐにとぶことが大切です。その感じをつかむために、体育館に引かれているラインに沿ってボールを投げてみましょう。

最初はプッシュパス（110ページ）のように直線的にまっすぐとばすことだけを意識します。体育館のラインに、ボールを持っているほうの足ー肩ー手ーボールが、のっているようにすることが大切です。そして少しずつアーチ（弧）を高くして、シュートに近付けてみましょう。

この練習でボールがまっすぐにとばないと、シュートはなかなか入りません。

ボールがまっすぐ
にとんでいるか
確認します

アレンジ

ゴールが使える時は…

ゴールが使える時は、プッシュパスを3回くり返した後、実際にシュートを打ってみるといいでしょう。アーチ（弧）を高くしても、ボールをまっすぐにとばすことができるか、確認することができます。

アーチ（弧）の高さを横から見てもらう

ボールがゴールの真上から入るイメージを持つように

ボールに高いアーチをかけているつもりでも、低いアーチになってしまっていることがあります。正面から打ったボールを見上げても、どのくらいのアーチになっているかわかりにくいので、なかまやコーチに横から見てもらうことをおすすめします。

ボールがゴールの真上から入るイメージでシュートを打つことが大切です。手を高くあげてボールに大きなアーチを描かせるのです。

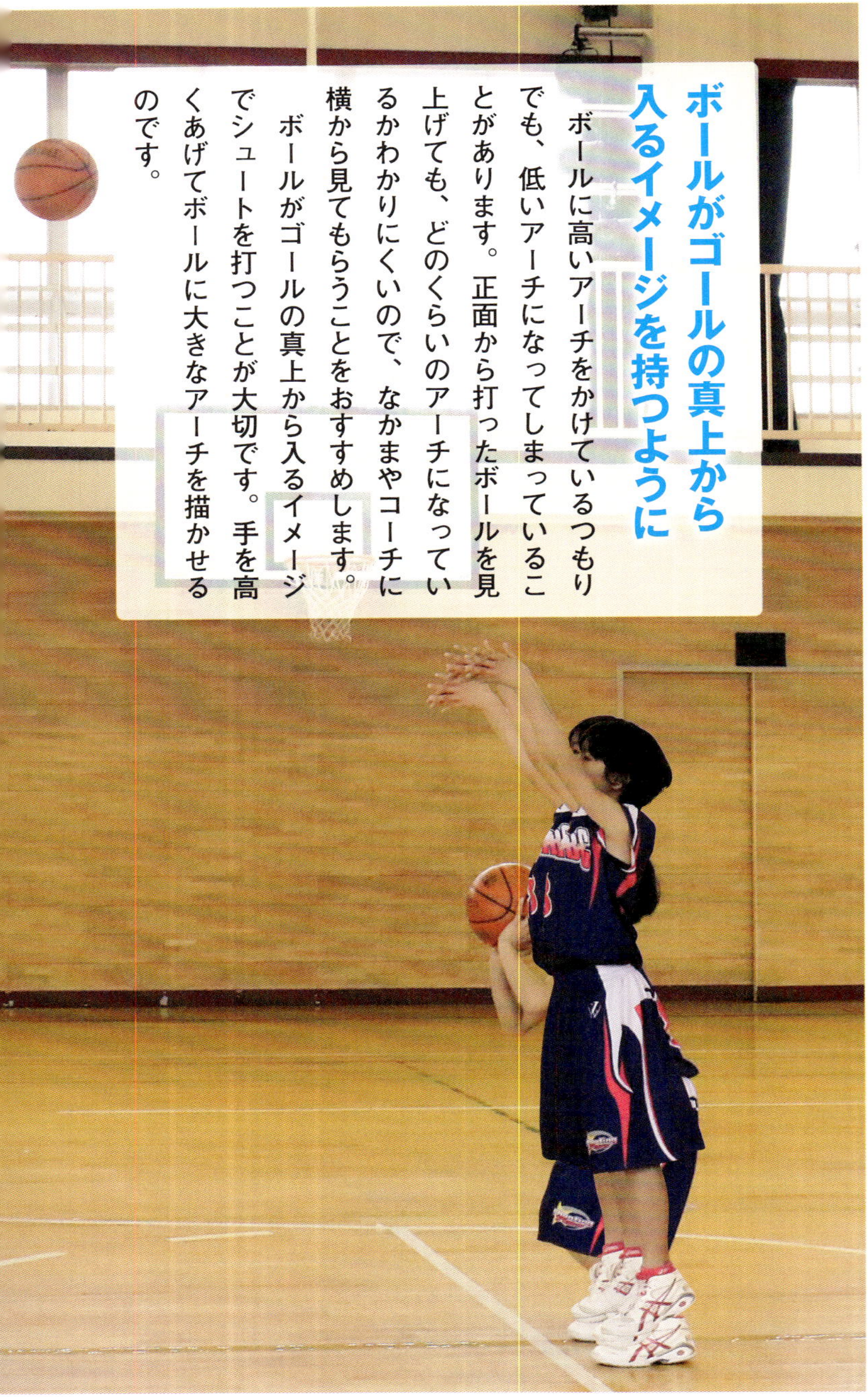

チェック

ゴールは2個のボールが入る大きさ

ミニバスケットボールでは、通常より小さい5号球のボール（直径約22センチ / 円周約70センチ / 重さ470～500グラム）が使われます。ゴール（リング）の直径は45センチですから、2個のボールが入る大きさになっています。そしてアーチが高くなることで、リングが円の形に近くなり入りやすくなります。

ボールに逆の手をそえずに打つ

ゴールに向かってまっすぐ打ちます
逆の手をおろしたまま、かまえます
ゴールの近くでボールを手にのせます

まっすぐ、高くを意識しよう

シュートフォームを確認するためには、逆の手をそえずに片手で打つ練習がおすすめです。

ボールがしっかりと手にのっていないとボールが落ちたり、シュートがまっすぐ飛びません。ボールの重心をしっかり感じるように練習しましょう。

まずはゴールの近くで、ボールを手の上にのせます。そして自然にシュートを打てるようにかまえます。その時に逆の手をそえず、下におろしておきます。

たとえシュートがとどかなくても、ボールがゴールにまっすぐにとんでいれば大丈夫です。

バックボードにあてず、リングの真上からボールを入れましょう

手を真上にあげるようにして、ボールを高くあげます

チェック

逆の手の使い方に注意

この練習ではシュートが入るのに、逆の手をそえると入らなくなる選手がいます。そういう場合、逆の手がボールを押すなど、よけいな力が入ってしまっている可能性があります。逆の手も使う時には、ボールにただそえるだけであることをおぼえておきましょう。

シュートフォームがスムーズになると、少しずつとどくようになるはずです。

シュートの距離を広げていく

シュートフォームを確認したら、ボールをひろいます
26ページと同様に、手のひらにボールをのせてから、ゴールの近くでシュートを決めます

チェック

試合前のシュート練習でも行いましょう

少しずつ距離を広げていくこのシュート練習は、試合直前の練習としてもおすすめです。シュートフォームをくずすことなく、自分のシュートを確認できるからです。

一歩ずつ下がってみよう

だれでもゴールから離れたところからシュートを決めたくなるものです。それも大事な気持ちですが、遠い距離のシュートばかりだと、力まかせになってしまい、シュートフォームがくずれる原因になってしまいます。

そこで最初はゴールの近くから打ち、少しずつ距離を広げていきましょう。シュートが決まったら一歩下がり、はずしたら戻る。それをくり返しながらシュートの距離を調節できるようになってください。

手のひらにボールをのせます

一歩後ろに下がります

力まずにシュートを打ちます

思いどおりのシュートが打てなかったら、一歩ゴールに近づきます

近くでシュートフォームを確認してから、また下がりましょう

フリースローを決める

フリースローラインをふまないように気をつけます
いつもと同じ回数、ボールをつきます
ボールを手になじませて落ちつきます

シュートチャンスを確実に得点へとつなげられるように

試合では普通、相手がシュートをじゃましてきます。でもだれにもじゃまされず、シュートを打てるチャンスがあります。それはファウル（198ページ）をうけた時にもらえるフリースローです。

そしてゴールから4メートルのところに引かれたフリースローラインからのこのシュートを、ひとつの目標にするとよいでしょう。

ちなみにフリースローを決めるコツは、いつも同じリズムで、いつものシュートフォームで打つことです。簡単に見えますが、大事な場面では大きなプレッシャーがかかって難しくなります。何度も練習して、自分のリズムで打てるようになりましょう。

いつもと同じリズムで打ちます
いつもと同じかまえをとります

足の指分くらいから10センチくらい、きき足を前に出し、そのつま先をはゴールへ向けます

ポイント

シュートを打つまでの動きを同じに

いつもどおりの流れでフリースローを打つことが大切です。審判にボールを手渡されてからシュートを打つまでの動きを同じにするのです。たとえば、ボールを何度かフロアについたり、ひざを軽く曲げてからシュートを打つパターンがよく見られます。そして大事なのはリラックスすることです。

シュート練習④

壁を背にして姿勢をおぼえる

シューティングテーブルをしたまま、ひざを軽く曲げます
片手でボールを持ちあげ、ひじ、手首を直角に曲げます（シューティングテーブル）。逆の手はおろしておきます
壁から10センチくらいのところに立ち、ボールを手にのせます

体が曲がらないように意識してシュートを

ボールを前にとばそうとして、よけいな力が加わると、体が「く」の字になってしまう場合があります。おしりが後ろに出てしまうようなかっこうです。そうならないようにするため、壁を使って練習しましょう。

壁から10センチくらいのところに立ち、ボールを手にのせてかまえます。体をまっすぐにしたまま、真上にシュートを打つことによってシュートフォームを確認することができます。

10回くらい行ってみましょう。

落下してきたボールを手にのせます

体をまっすぐにしたまま、真上にシュートを打ちます

アレンジ

高いアーチがかからない時には壁を使って確認

シュートを決める際、高いアーチ（弧）が大事だと説明しました（24 ページ）。そのようにボールが高くあがらない場合には、この壁を使った練習でシュートフォームを確認してください。体をまっすぐにすることでボールが高くあがりやすくなります。

背面キャッチ

両手

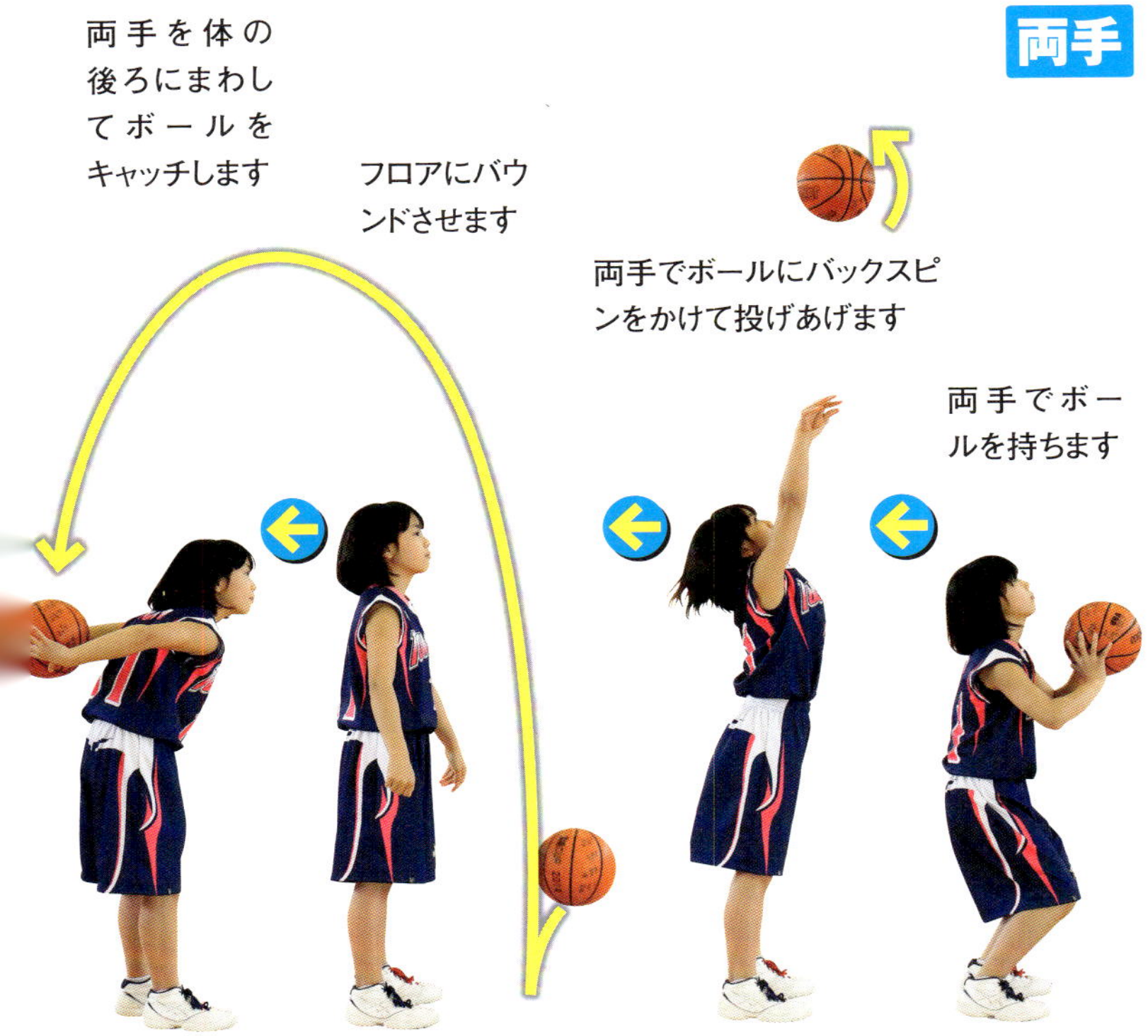
両手でボールを持ちます
両手でボールにバックスピンをかけて投げあげます
フロアにバウンドさせます
両手を体の後ろにまわしてボールをキャッチします

ボールにバックスピン（逆回転）をかけよう

シュートを打つ時、ボールに逆回転をかけることが大切です。２枚目の写真のなかの のような回転のことを「バックスピン」と言います。この回転をかけられるようにする、よい練習があります。

ボールを投げあげて、フロアにバウンドさせます。そのボールを頭の上、または体の後ろでキャッチできるようにします。そのためにボールにバックスピンをかけましょう。

最初はためしに両手で行ってみてください。感じをつかんだら、ワンハンドシュートのように片手で行いましょう。

片手

両手を体の後ろにまわしてボールをキャッチします
フロアにバウンドさせます
きき手でボールにバックスピンをかけて投げあげます
きき手にボールをのせます

ポイント

バックスピンはパスでも大切

シュートで大事なポイントとなるこのバックスピンは、パスでも重要なポイントです。それだけに両手で行う時には、チェストパス（108ページ）をイメージするとよいでしょう。

寝ながらシュートタッチを確認する

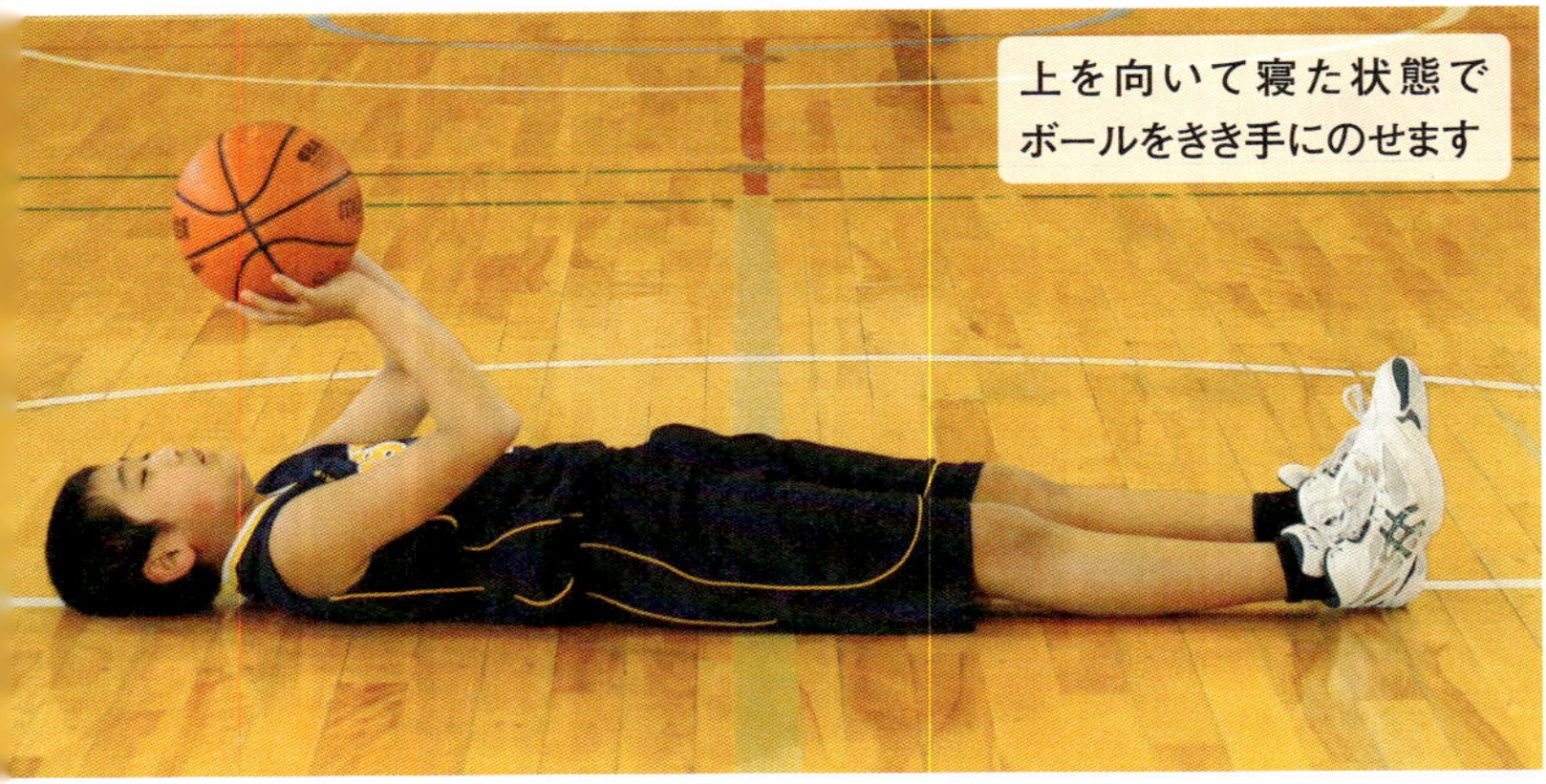
上を向いて寝た状態で
ボールをきき手にのせます

チェック

シュートは繊細なテクニック

このシュートタッチに見られるとおり、シュートはとても繊細なテクニックです。ほんの一瞬の力加減でよいシュートか、わるいシュートか決まってしまうからです。それだけに奥が深いプレーとも言えます。

ゴールがなくても練習できるだけに、自分の家でもできる

シュートを打つ時、ボールを手離す瞬間のことを「シュートタッチ」と言います。前のページで説明したバックスピンをかけるためにも、このシュートタッチが大切です。

そのシュートタッチを確認するのによい練習があります。よけいな力が入らないようにするため、寝たまま天井に向かってシュートを打つのです。落ちてきたボールをキャッチし、再び天井に向かってシュートを打ちます。

ゴールを使えない日でもこのようにしてシュートタッチを確認することができるわけです。しかも自分の家に帰ってからもできる練習です。ただし、まわりのものにボールがぶつからないように、自分の手元にボールがもどってくるように行ってくださいね。

ボールにバックスピンをかけて
シュートタッチを確認しながら、天
井に向かってシュートを打ちます
投げあげたボールが手元に
もどってくるように行います

シュート練習⑦

体の中心でボールを持つシュート

体の正面でボールを持ちあげていきます

両手でボールを持ちます

両手打ちのシュートもわるくはないけど…

　男子選手の多くはワンハンド（片手）シュート、日本の女子選手の多くが両手打ち、すなわち「ボースハンドシュート」です。でも、このシュートはワンハンドシュートとちがい、体の中心でボールを持つかっこうになります。それだけに力を均等にボールへと伝える難しさがあります。そうした理由などから、きき手にボールをのせるワンハンドシュートのほうが、安定感があると考えられます。

　ゴールにボールがとどかない下

ボールを手離した後、両手の甲が
向き合うかっこうになります

級生などがボースハンドシュートから始めることを否定するつもりはありません。ただしそこでシュートの楽しさをおぼえたら、どこかのタイミングでワンハンドシュートにも積極的に、トライしてほしいものです。

チェック

海外では小学生もワンハンドシュート

日本ではボースハンドシュートがどこでも見られますが、アメリカをはじめ多くの国の小学生はワンハンドシュートを習っています。日本もそれにならって、できるだけ小さい頃からワンハンドシュートを学んでもらう動きがあるのを知っておいてください。

決めよう!

第2章

走って
ジャンプして

2歩目の足だけで肩から打ってみる

ボールなし

2歩目をふみこむ
準備をします

2歩目をふみこみながら
手をあげていきます

ボールあり

体の正面にボールを持ってこないように

レイアップシュートの基本は、リズムをつかむことです。そのために2歩目の足だけで、しかもボールを肩の上に置いた状態からシュートを打ってみてください。こうすることで、相手にボールを取られない姿勢を身につけることもできます。

　相手がいるほうにボールを持っていってしまうと、簡単に取られてしまいます。相手がいないほうで、がっちりとキープした状態からシュート

第2章 走ってジャンプして決めよう!

両足でしっかり
と着地します

逆の手でボールをまもりながら
ジャンプします

を打つことが大切です。

しかも肩の上からシュートを打つことによって、ボールを手離す位置が高くなり、相手にブロックされにくくなるというメリットがあります。

また、ここではボールの中心をしっかりとおぼえるため片手で練習しましょう。

アレンジ

ボールを使わず動き方をおぼえる

動き方がわからないまま、ボールをゴールに入れようとすると、正しい動き方を意識することが難しい時があります。そういう場合はボールを使わずに動き方だけを正しく理解してからボールを使ってみましょう。

走ってからシュートを決める

レイアップシュートを決めるコツ①

好きな食べものをそっとお皿の上に置くように

試合では走るスピードをコントロールしながらシュートを打たなければならない時もあります。そういう時でもシュートを確実に決める基本プレーとして「レイアップシュート」が使えます。

このシュートを決めるコツは、ボールをゴールに近づけていき、バックボード（ゴールがとりつけられている板）にボールをそっとあてるように打つことです。ボールを投げるのではなく、イメージとしては、自分が好きな食べ物をお皿の上にそっと置くような感じです。

試合ではドリブルからや、パスをうけてシュートに持ちこみますが、まずはボールを持ったまま走って打ってみましょう。

走りこんできたスピードをコントロールします

ボールを持ちながらゴールを見て、1歩目のステップをふみます

練習なのでボールを持ったまま走りこみます
※試合ではボールをしっかり両手で持ちましょう。

ポイント

シュート直前のステップのふみ方

右手で打つなら、右足で1歩目、左足で2歩目のステップ。左手で打つなら左足で1歩目、右足で2歩目のステップで打つのが基本です。

ゴールから目を離さず、2歩目のステップをふみます

2歩目

せまいステップ

ひざをあげる

ジャンプしながらレイアップシュートの体勢に入ります

バックボードにボールをそっとあてて、レイアップシュートを決めます

ボールから目を離さず、両足で着地し、リバウンドにそなえます

バックボードを上手に使う

バックボードの四角のラインを目安に

1、2のステップでふみきってからジャンプし、シュートを正確に決めるためには、ボールをバックボードに正しくあてることが大切です。

目安となるのは、バックボードに書かれている四角のラインです。レイアップシュートを打つ時には、このラインの内側にボールをやさしくあててあげるのがコツです。このようにバックボードを上手に使うことが、レイアップシュートを確実に決めるうえで大切なのです。

シュートを打った後、ボールがどこにとぶか、目を離さないようにします

バックボードの四角のラインをねらいます

バックボードの
四角のラインの
なかにあたります
ボールの角度が
変わって、ゴール
にすいこまれます

チェック

ボールのはね返り方をおぼえる

この写真では右側からシュートを決めるため、四角の右側にあてました。左側から決める時には左側にあてます。また、選手のシュートの性質によってバックボードにあてる位置が変わる場合があります。どのようにあてれば入るか、何度も練習しておぼえましょう。

バックボードを使わずに正面から決める

ゴールの正面から走りこみ、1歩目をふみます
ゴールから目を離さず、2歩目をふみこみます
ひざを引きあげ、ボールもあげていきます

ボールをふわりと浮かせる

レイアップシュートを決める時には、バックボードにボールをあてるのが基本です。でも、走りこむ角度によって、バックボードを使いにくい場合があります。

ゴールの正面から走りこんでシュートを打つ場合や、大きな相手が前にいる場合などはバックボードにボールをあてないで、リングの上にふわりと浮かせるようなシュートが必要となります。

ポイント

手首を柔らかく使い、指先から離れる瞬間の感覚を大事に

バックボードにボールをあてないでシュートを決めるポイントは、手首を柔らかく使うこと。そしてボールが指先から離れる瞬間の感覚を大事にすることです。このようなシュートは「フローター」と呼ばれています。

走るスピードをコントロールしてジャンプし、ボールをふわりと浮かせるようなイメージで、ボールを手離します

バックボードを使わずに横から決める

角度がないところからでも決められるようになろう

コートの四すみのことを「コーナー」と言います。このコーナーからレイアップシュートを決める時、バックボードにボールをあてるのが難しい時があります。

このような場合も、前のページと同じように、ボールをふわりと浮かすシュートが使えることをおぼえておきましょう。

とても難しいシュートなので、はずれてもがっかりせず、挑戦しましょう。

チェック

相手が大きな選手の時にも使えるテクニック

前のページでも紹介したこのシュートは、相手が大きな選手の時にも使えます。相手が出してくる手をかわしながら、ボールをふわりと浮かせるわけです。

コーナーから走りこみ、1歩目をふみます

ゴールから目を離さず、2歩目をふみます

ひざを引きあげ、ボールもあげていきます。シューティングテーブルができていないとシュートが安定しません

※写真では、ボールの重心を意識するため片手で行っていますが、試合では両手でしっかり持ちましょう。

ボールがバックボード
にあたらずに入ります

ボールをふわりと浮か
せるようなイメージで、
ボールを手離します

ゴール下シュート

ゴール下から高いところで決める

ゴール下のシュート練習です。まずはジャンプしながら高いところでシュートを打ちます。

一見、簡単に決められそうなシュートですが、試合では疲れや緊張からミスにつながることがあります。それだけに大切にしてほしい基本練習です。左右の手で決められるようになること、そして片足ジャンプと両足ジャンプで行ってください。時間や本数を決めて行うことによって、シュートの正確さだけでなく、体力面も強化することができます。

ゴール下のシュートには、他にもいくつか違うテクニックがあります。次のページから3つのシュートの打ち方を紹介しましょう。

ゴール下でボールを持ってかまえます
バックボードにボールをあててシュートを決めます
すばやくボールを拾います

第2章 走ってジャンプして決めよう!

アレンジ

何本連続で決められるか、10秒間で何本決められるか

自分が打ったシュートのボールをすぐに拾って、次のシュートにすばやく移りましょう。試合でもリバウンドを取って、すぐにシュートを打たなければならないことがあるからです。何本連続で決められるか、または10秒間で何本決められるかなど、なかまと競争してみましょう。

時間や本数を決めて行いましょう

すぐさま逆側からシュートを打ちます

ゴール下シュート練習②

フックシュート

体の幅を使いながらボールを浮かせる

ゴール下でシュートを打とうとすると、相手の大きな選手がシュートを止めようとしてくることがあります。それをかわすのにそなえてほしいのが、肩ごしからボールをふわりと浮かせる「フックシュート」です。

シュートを打つ時には、ゴールに体を向けるのが基本です。が、ゴールに対して横向きになり、体の幅を使って打つのが「フックシュート」のとくちょうです。左右両手でフックシュートが打てるように練習してみてください。

右手にボールを持ち、左足をふみこみます

左手でボールをまもりながらジャンプします

右手でボールをふわりと浮かせます

ポイント

逆の手でボールを持っていくように

ボールを持っていないほうの手を上にのばし、その手にボールを持っていくようにすることがポイントです。そしてボールをふわりと浮かせてシュートを打った後、その腕を耳に付けたままにしておきましょう。

左手にボールを持ち、右足をふみこみます

右手でボールをまもりながらジャンプします

左手でボールをふわりと浮かせます

バックシュート

背後にあるリングに確実に決めよう

シュートをブロックしようとする相手をかわす時には、自分の背後にあるゴールにシュートを決めるテクニックが必要となります。

このようなシュートを「バックシュート」と言います。

そのなかでも、ゴールを通過した後、ゴール側の手によって打つシュートは「レイバックシュート」と呼ばれています。

それとは逆の手で打つシュートは「リーチバックシュート」と呼ばれています。

これら2つのバックシュートも、ゴール下シュートのバリエーションとして、練習に取り入れてみてください。

ゴール側の右手にボールを持ちます

ボールから目を離さないようにして着地します

ポイント

ボールに横回転をかけるように

バックシュートを打つ時には、バックボードにボールを強くぶつけても決まりません。 ボールに横回転をかけながらバックボードにそっとあてるようにして練習してみましょう。52ページのゴール下シュート、54ページのフックシュート、そしてこのバックシュートを連続して決められるように練習してみてください。

レイバックシュート

ゴールのほうを見ながらシュートを打ちます
ボールに回転をかけてバックボードにあてます
ボールから目を離さないようにして着地します

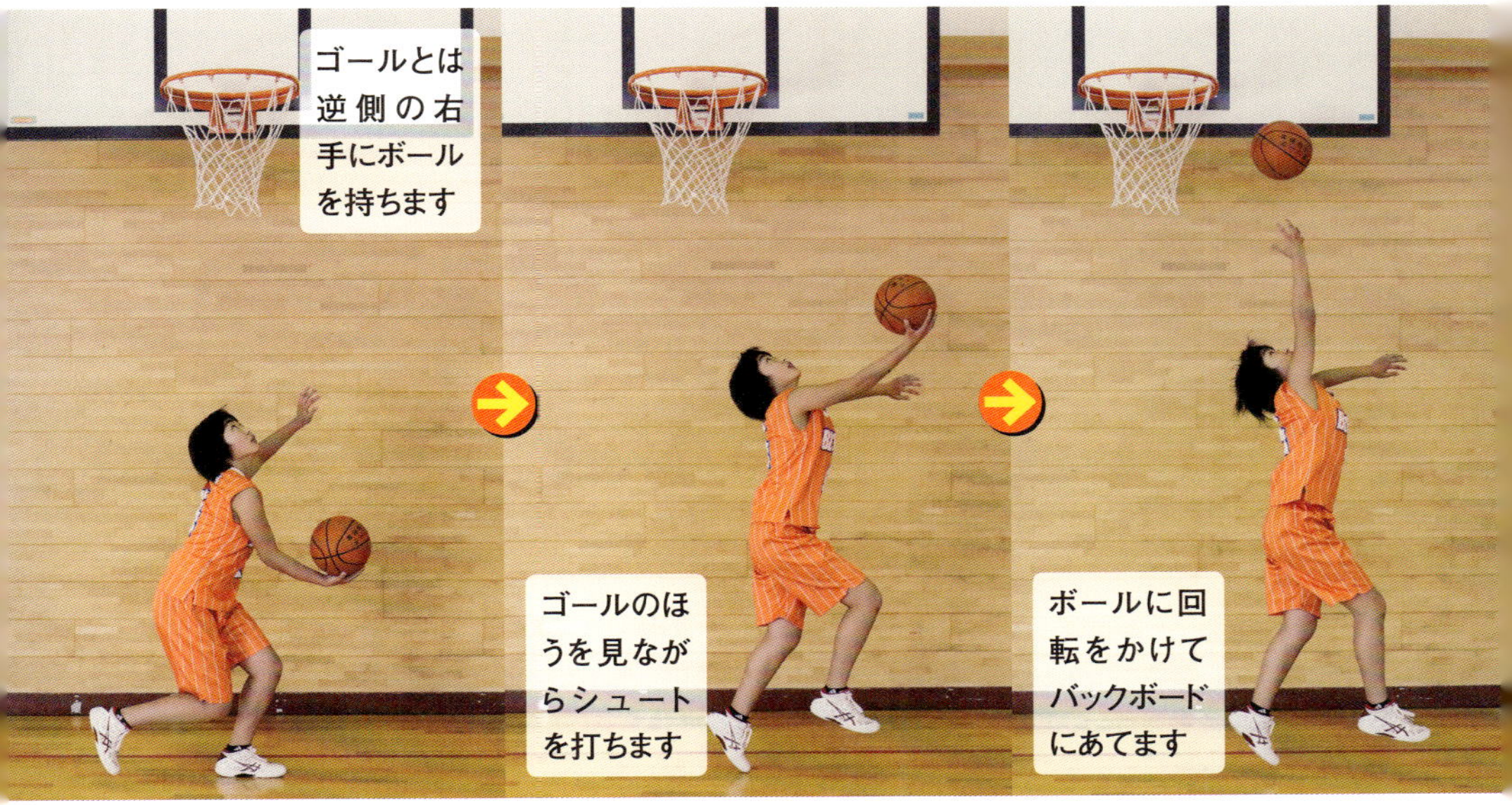
ゴールとは逆側の右手にボールを持ちます
ゴールのほうを見ながらシュートを打ちます
ボールに回転をかけてバックボードにあてます

リーチバックシュート

お手玉シュート

シュートを打ったボールをフロアに落とさない

２つのボールの状況をはあくし、両手をうまく使えるようになる練習を紹介しましょう。

まずは両手にボールを持ってゴール下に立ちます。ボールⒶだけシュートを打ってゴールに入れ、そのボールⒶが落ちてくる前に、もう1つのボールⒷでもシュートを打ちます。

そのボールⒷが落ちてくる前に、ボールⒶをキャッチしてすぐさまシュートを打つ動きをくり返します。左右それぞれの手でシュートを打つ練習をしましょう。

両手にボールを持ってゴール下に立ちます

1つのボールⒶだけシュートを打ちゴールに入れます

アレンジ

楽しみながらレベルアップ!

何本連続で決められるか、または10秒間で何本決められるかなど、なかまと競うと練習がもり上がります。このような遊びの要素を取り入れたコーディネーションドリル（162ページ）がシュートのレベルアップにもつながるのです。2つのボールのうち1つをバスケットボール以外のボールを使っても楽しいです。

最後は2個のボールをキャッチして終わりです
落ちてきたボールⒷがフロアーに落ちないようにキャッチします
シュートを打ったボールⒶが落ちてくる前に、もう1つのボールⒷもゴールに入れる動きをくり返します

TOYO MBC

第3章

ドリブルしてみよう!

ドリブルとは――

まわりをよく見ます
自分のコートから相手のコートに、ボールを運びます

ドリブルをつく目的を理解しよう

バスケットボールではボールを持ったまま3歩以上歩くと反則をとられ、相手のボールになってしまいます（196ページ）。でも、ボールをフロア（体育館の床）につきながらであれば移動することができます。このプレーを「ドリブル」と言います。

ドリブルをつく目的は、次のように整理することができます。

・自分のコートから相手のコートにボールを運ぶ
・シュートのタイミングをはかる
・パスのタイミングをはかる

第3章 ドリブルしてみよう!

ゴールに向かってドリブルします

しっかりと止まります

✓ チェック

ドリブルに自信を持てれば…

自分のところにパスがまわってくると、相手をこわがって、すぐになかまにパスしようとする選手がいます。でも、ドリブルに自信を持てれば、自分の力で攻撃しようという気持ちが出てくるはずです。

・ゴールに向かってドリブルするいろいろな使い方ができるドリブルですが、気をつけなければならないことがあります。それは、相手にボールを取られないように、ドリブルしなければならないということです。

どうすれば相手に取られないドリブルがつけるようになるか、この章で紹介していこうと思います。

ドリブルの基本姿勢

後ろから

顔
肩のあたりに顔を持ってきて、まわりを見られるように顔をあげます

ボールがないほうの腕
逆の腕を曲げて前に出し、相手にボールを取られないようにします

指
５本の指を広げて、ボールを強くつきます

正面から

ひざ
すぐに動き出せるように、少し曲げます

前から

手首
手首を上手に使って、ボールをフロアに強くつきます

両足の幅
次の動作にすぐに移れるように、肩幅くらいに両足を開きます

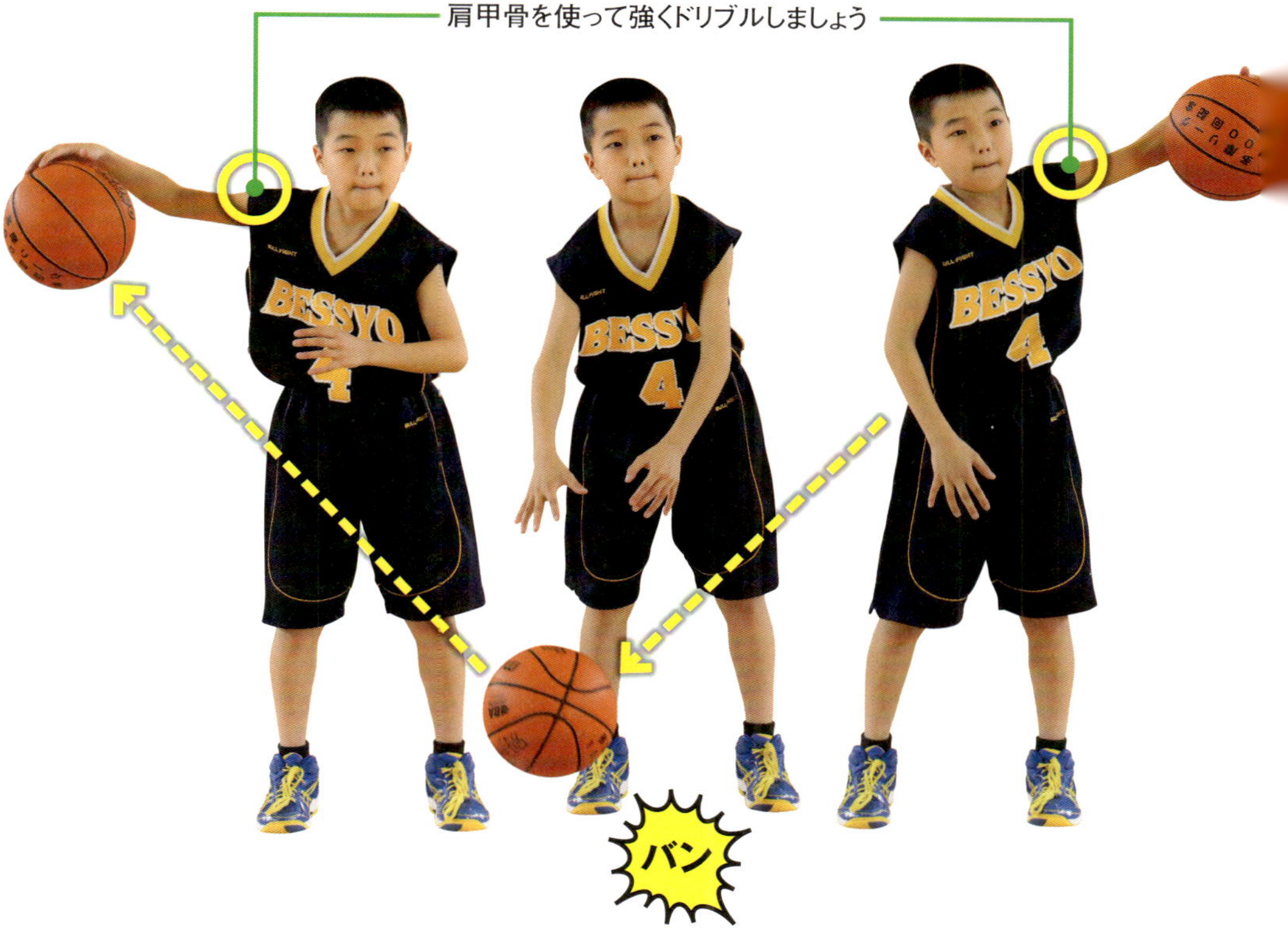

肩甲骨を使って強くドリブルしましょう
バン

強く正確に、左右の手でドリブルできるようになろう

ミニバスケットボールを始めたばかりの選手に多いのは、ボールだけを見て行うドリブルです。そうすると近づく相手に気づかず、ボールを取られてしまいます。

そしてその場でボールをついていると、簡単に相手に取られてしまうので、正しいドリブルを身につけなければなりません。

ポイント

体育館に音が鳴り響くくらいに強くついてみよう

さらに大事なのは強くボールをつくこと。フロアにつくボールが弱いと、自分の手から離れる時間が長くなるだけに、相手に取られてしまうのです。そこで体育館に音が鳴り響くくらいに強くボールをついてみましょう。きき手だけでなく、逆の手でもドリブルできるように練習してみてください。

低いところでボールを動かす

逆の手にボールを動かす

両足の間にボールをついて、逆の手にボールを動かします。ボールを受け止めた手で同じところにつき、元の姿勢に戻ります

ボールを左右に動かす2つの方法

ボールを取ろうとする相手をかわす時や、ドリブルする方向を変える時には、ボールを左右に動かすテクニックが使えます。前のページのように大きく強くつけるようになったら、今度は低く強くついてみましょう。試合では前に進みながらボールを動かすこともよくありますが、まずは止まった状態で行ってみてください。

ボールを左右に動かす方法には2つあります。1つは逆の手にボールを動かす方法。もう1つは同じ手で左右に動かす方法です。それぞれ左右両手でできるようになりましょう。

同じ手でボールを動かす

両足の間にボールをついた後、ボールをついた手を逆側に持っていきボールを受け止めます。同じところにつき、元の姿勢に戻ります

わるい

ボールばかりを見てしまう

もう一方の手でボールを守らない

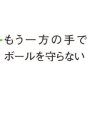

前後にボールを動かす

体の前からボールを前に押し出します
前にきたボールを正確にコントロールします

ポイント

ひざを曲げて体重移動を

体の横でボールをつき、ボールを後ろに下げた後、手を返すようにしてボールを前に押し出します。ひざを曲げて体重移動を利用しながらドリブルしましょう。

相手が手を出してきたらボールを後ろに下げる

ドリブルで前に進もうとした瞬間をねらい、相手がボールを取りにくる時があります。そういう場合には一度、ボールを後ろに下げることによって、安全にドリブルをつづけることができます。

ドリブルを使ううえで大事なことは、状況に応じたドリブルを使うことです。前後左右、どこにボールを動かすのか…。相手がいなければ前に押し出すドリブルが使えますが、相手が手を出してきたら、この後ろに下げるドリブルをうまく使ってください。

顔をあげて、体の後ろにボールを下げます
前後に開いている両足の間にボールを強くつきます
少しひざを曲げて、体の横でドリブルします

わるい

このドリブルで難しいのは、ボールを後ろに下げた時です。自分が見えないところで、ボールをコントロールしなくてはならないからです。そしてボールを前に押し出す時、下からささえてしまうと「ダブルドリブル」となり、相手のボールになってしまうので注意してください。

両足の間にボールを通す

右に動かしたボールを右手で受け止めます

左に動かしたボールを左手で受け止めます

両足の間にボールをつきます

相手との距離が短い時使えるテクニック

ボールを左右に動かすテクニックの1つです。相手との距離が短い時、体の前でボールを左右に動かすドリブル（66ページ）が難しくなります。そういう場合に使えるのが、両足の間にボールをついて左右に動かすドリブルです。これは「レッグスルー」と言います。

ちなみに「レッグ」とは「足」を意味し、「スルー」とは「通す」を意味することから、「レッグスルー」と呼ばれて

基本姿勢でボールをつきます

両足を開きます

両足の間にボールをつきます

います。相手との距離に応じてレッグスルーと、体の前でボールを動かすドリブルを上手に使い分けてください。

ポイント

ボールを見ないでも行えるように!

両足をしっかりと開くことが大切です。両足の開きがせまいとボールが足にあたって、ミスにつながってしまいます。そうして両足の中間にボールをつきましょう。ボールを見ないでも行えるように練習してください。

体の後ろでボールを動かす

おしりをたたくように
体の後ろで強くつきます

逆の手で
ボールを受け止めます

ボールが見えなくなる時間が長いテクニック

体の前や両足の間でボールを左右に動かすほかに、体の後ろでボールを動かすテクニックもあります。これは「ビハインド・ザ・バック」と呼ばれていて、「バック」は「背中」を意味し、「ビハインド」は「後ろ」を意味します。つまり、背中の後ろでつくドリブルなのです。

ボールが見えなくなる時間が長いだけに難しいテクニックですが、反復練習して使えるようになりましょう。

横から

片方の手に
ボールを持ってきます

体の後ろに
ボールを持ってきます

後ろから

ポイント

おしりをたたくイメージで

体の後ろでボールをつく時はおしりをたたくイメージで。そしてボールをフロアに強くつく基本を忘れないようにしましょう。

わるい ×

ボールを手で浮かせるようなドリブルだと、「ダブルドリブル」(196ページ) で相手のボールになってしまうので注意しましょう。

高くついたり低くついたりする

低いところで
3回つきます

低く3回ついた後、
再び高くつきます

リズムよく
高低を使い分けるように

頭の高さくらいまで高くボールをついた後、ひざくらいの高さで低くボールをつきます。このようにしてリズムよく、高低を使い分けられることが大切です。

ドリブルのリズムやボールコントロールがうまくなるためにいい練習ですが、試合でもとても役に立ちます。相手がボールを取りにきた時には低くつき、ドリブルしながらまわりを見たい時には適度に高く、というふうにドリブルを使い分けられるようになるからです。

ボールを強くつき、
頭の高さくらいまで
ボールをあげます。
肩甲骨を使いましょう

高いドリブルを
3回つづけます

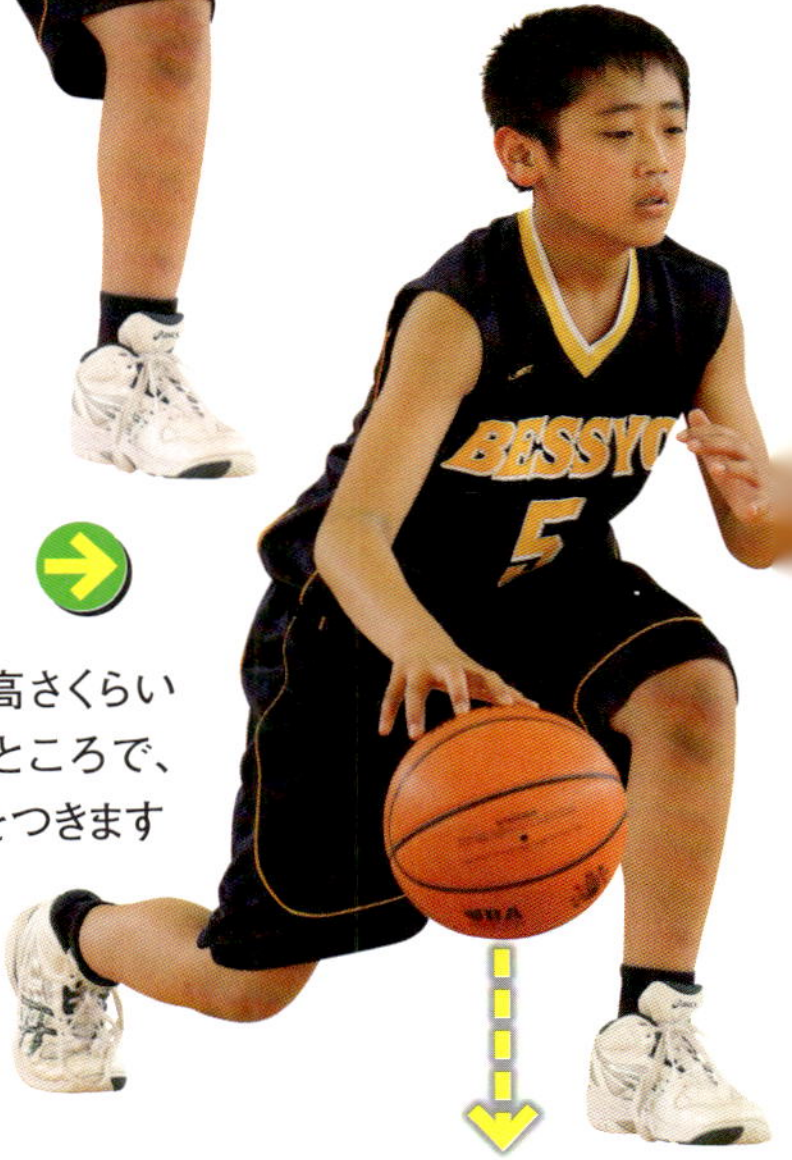

ひざの高さくらい
の低いところで、
ボールをつきます

ポイント

5本の指を意識しよう

ボールをつく時、手のひらでつこうとするとうまくコントロールできません。大事なのは5本の指を意識すること。そうすることで高低差をうまくつけられるようになります。

ボールおこし

置いてあるボールをバウンドさせてドリブル

フロアに置いてあるボールは両手で拾いあげられますが、あえて片手でボールをはずませてドリブルにつなげられるように練習しましょう。

ボールをフロアに向かって、適度な強さでたたいてバウンドさせ、そのままドリブルします。両手でできるようになりましょう。

1つのボール
フロアにボールを置きます
ボールをフロアに向かって適度な強さでたたきます
ボールをバウンドさせてドリブルします

ポイント

ボールを自分の友だちだと思って

手のひらで力まかせにたたいてもボールをコントロールできません。手のひらでボールをたたくというより、指でボールをやさしくコントロールするような感じです。ボールを自分の友だちだと思って接するようにしましょう。

フロアに2つのボールを置きます

両手同時に、フロアに向かって適度な強さでたたきます

2つのボールをバウンドさせてコントロールします

ボールを自分の友だちだと思ってあつかいましょう

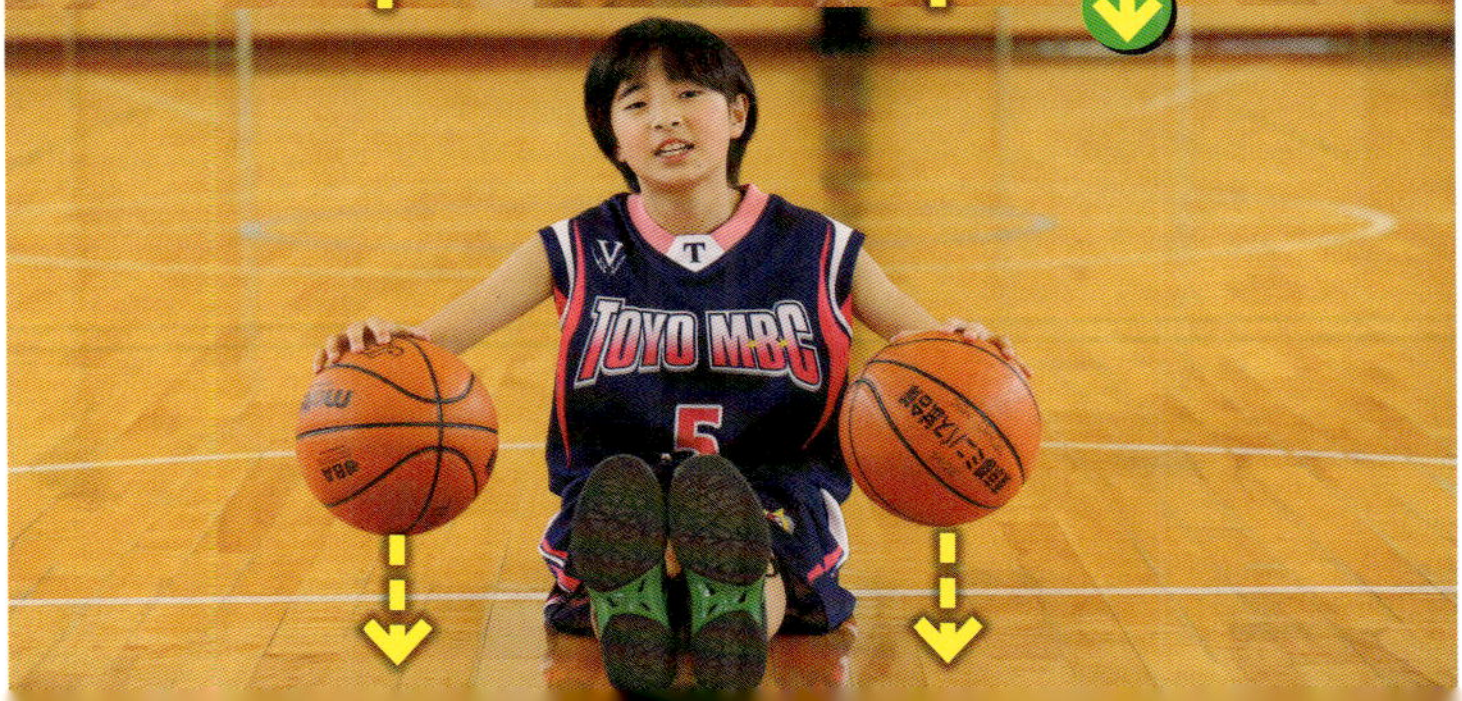

壁ドリブル

1つのボール

壁から30cmくらい離れて立ち、壁から15cmくらいの幅でボールを片手であてます
腕や手首や指を上手に使ってボールをつきます

腕や手首や指をきたえる練習

壁にボールをつく「壁ドリブル」の練習は、腕や手首や指をきたえてくれます。5本の指を広げて片手でボールを壁についてみましょう。

腕や手首や指をきたえることによって、ドリブルが強くつけるようになるだけでなく、ほかにもいろいろなプレーがうまくなります。

1つのボールでできるようになったら、2つのボールで練習しましょう。1つのボールは壁に、もう1つのボール

第3章 ドリブルしてみよう！

2つのボール

- 時間や回数を決め、手をかえて行いましょう
- 1つを壁に、もう1つをフロアーにつきます
- 2つのボールを持ちます

2つのボールを持ちます。1つを壁に、もう1つはフロアにつくのです。時間や回数を決め、手をかえて行うようにしましょう。ただしボールをあてていい壁か、確認してから行ってください。

アレンジ
ボールを上下に移動
壁の同じ位置でボールをつけるようになったら、ボールを上下に移動させてみましょう。

2つのボールを同時につく

その場につく

ボールのいきおいを同じ高さで受け止め、ドリブルをつづけます

2つのボールを持ち、左右同時に同じ強さでフロアーにつきます

左右のボールが同じ高さになるように

2つのボールを使って行うドリブル練習です。このようにくふうすることによって、左右両手でドリブルができるようになります。

まずは、2つのボールを持って同時につきます。最初はきき手のボールが強くはずむかもしれませんが、左右のボールが同じ高さになるようについてみましょう。

その場でつけるようになったら、ボールをクロスさせてついてみてください。さらに

クロスさせてつく

2つのボールを同じ
高さでつき始めます

2つのボールを
クロスさせます

両足の間で2つの
ボールがぶつから
ないようにつきます

止まった状態でできるようになったら、前後に歩きながら行ってみましょう。

チェック

得意なほうの手でばかりドリブルしないように

バスケットボールを始めたばかりの選手は、自分が得意なほうの手でばかりドリブルしてしまうもの。それだと相手にボールを取られてしまいます。左右両手でドリブルできることで、ボールを取られなくなります。そのためにいろいろな練習があります。次のページからも紹介していきましょう。

左右交互についたりリズムを変える

リズムをつかむ能力に目を向けてみよう

左右交互に
左右交互に同じ強さでフロアにつきます
2つのボールのうち、1つをつきます
ボールのいきおいを同じ高さで受け止めます

２つのボールを使うドリブル練習を行う方法は、ほかにもあります。今度は左右のボールを交互につきます。左右の強さが違うと、ぎこちなくなってしまいます。左右ともに同じ強さでつき、ボールをリズミカルにつくように心がけましょう。

それができるようになったら、左右のリズムを変えてみましょう。どちらかの手でボールを一度ついている間に、逆の手で二度つくわけです。このようにリズムをつかむ能力に目を向けながら練習することが、とても大切です（１６２ページ）。

リズムを変える

左右同じ高さでスタートします

左手のボールをつきます

逆の右手のボールもつき始めます、右手で1度ついている間に、左手で2度つきます

同じ高さで受け止めて続けます

1つのボールだけ前後につく

左右両手で違う種類のドリブルを行う

２つのボールを使うドリブル練習の違うパターンです。この練習では、左右両手で違う種類のドリブルを行います。まずは１つのボールをその場につき、もう１つのボールを前後に動かしてみましょう。

後ろで受け止めたボールは、前に動かします

左右とも同じ高さになるように心がけましょう

再度、１つ（左）をその場につきます

もう１つ（右）を前につきます

時間や回数を決めて行いましょう

同時

2つのボールを同時につき始めます

1つ（左）はその場に、もう1つ(右)は後ろにつきます

1つ（左）はその場で、もう1つ（右）は後ろで受け止めます

交互

2つのボールを交互につきます

1つ（左）をその場につきます

もう1つ（右）を後ろにつきます

1つのボールだけ左右につく

左右の手が混同しないようにスムーズに行う

左右両手で違う種類のドリブルを行う練習の別のパターンです。1つのボールをその場でついている間、もう1つのボールを左右に動かしますす。左右の手が混同しないように、行いましょう。

2つのボールを同時につき始めます

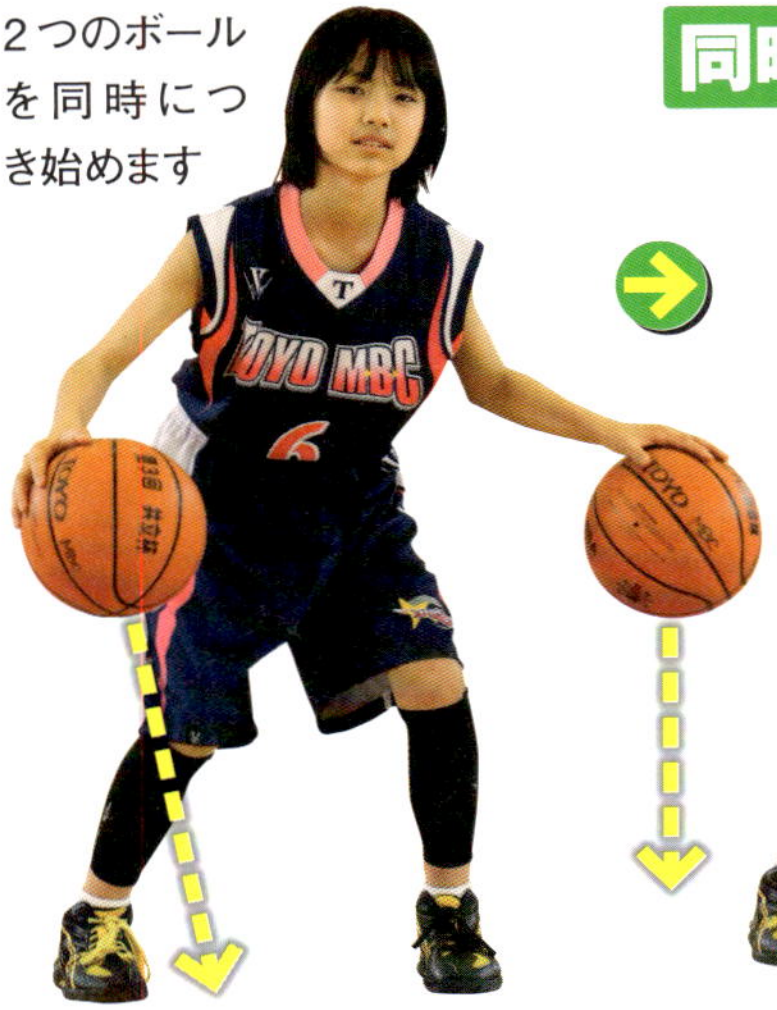

同時

1つ（左）はその場に、もう1つ（右）は左右に動かします

左右に動かしたボールを元の位置にもどします

左右とも同じ高さになるように心がけましょう

交互

2つのボールを
交互につきます

1つ（左）を
その場につきます

もう１つ（右）を
左右に動かします

左右に動かしたボール
を受け止めます

時間や回数を決
めて行いましょう

1つのボールだけ両足の間を通す

ボールを見ないでもできるようになろう

左右両手で違う種類のドリブルを行う練習の難しいパターンです。1つのボールをその場でついている間、もう1つのボールを両足の間に通します。最初はボールを見ながら行ってもいいですが、ボールを見ないでもできるようにしましょう。

同時

両足の間に通すボールを体の後ろに持ってきます

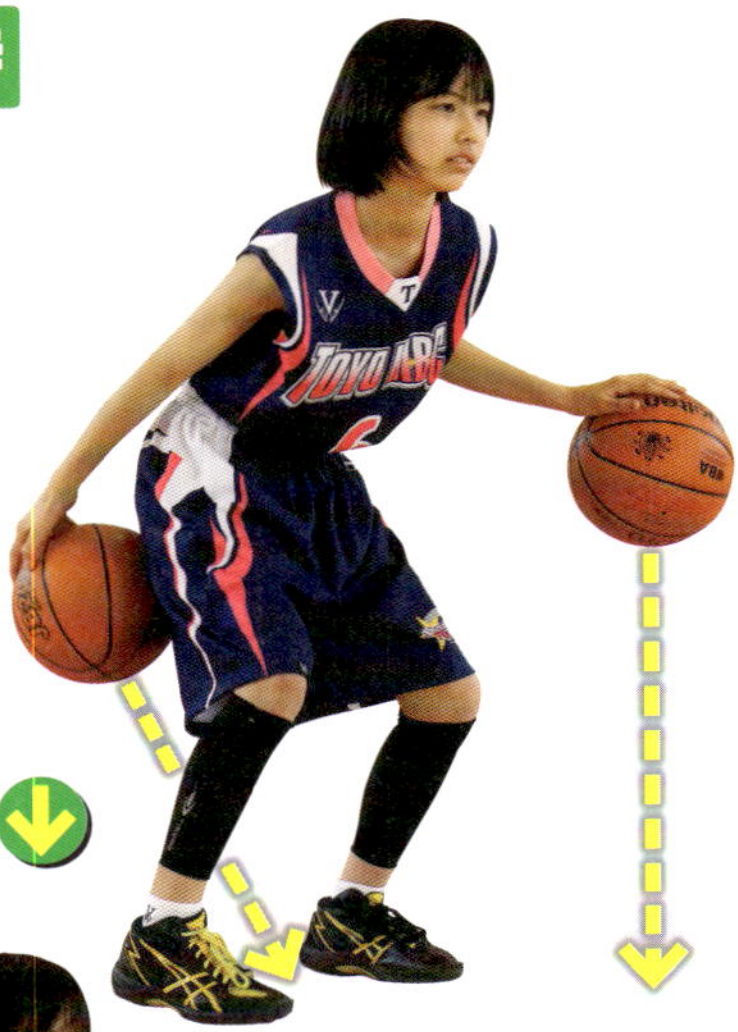

ボールが足にぶつからないように注意します

左右同時につき、1つを両足の間につきます

同じ高さで受け止めます

交互

左右交互につき、1つのボール（右）を両足の間につきます

両足の間に通すボールを体の後ろに持ってきます

体の前で受け止めます

もう1つのボール（左）をその場につきます

スキップしながらドリブル

着地と同時に次の1歩をふみ出しながら、ボールをつく準備をします

スキップのリズム「タン・タ・タン」のステップに合わせてドリブルしましょう

動きながらドリブルのリズムを変化させる

止まった状態ではなく、動きながら行うドリブル練習です。試合のように走りながらいろいろなドリブルができるようになることが大切です。

そのなかでとくにおすすめしたいのは、スキップしながらドリブルをつく練習です。スキップにドリブルのリズムを合わせられるようになることによって、相手にも取られにくくなります。

1つのボールでできるようになったら、写真のように2つのボールで、この練習を行ってみましょう。

大きくのびあがりながら、
ボールも高く引きあげます

2つのボールを同時につきながら、
ステップをふみます

アレンジ

練習をくふうしよう

1つの練習ができるようになったら、ちょっとくふうして難しくするとより楽しくなります。たとえば、このドリブル練習のように前に進むことができたら、後ろに下がるスキップをふみながらドリブルをつく練習にもトライしてみましょう。

数字あてドリブル

グー
グーなので2つのボールを同時につきます
指1本
「1」なので交互につきます

顔をあげてボールがつけるようになろう

バスケットボールを始めたばかりの選手は、どうしてもボールを見てしまうものです。でも試合ではまわりを見られるように、顔をあげてドリブルしなくてはなりません。

ボールを見ないでもドリブルできるようになる、とてもよい練習があります。２人１組になり、ドリブルしている選手は、パートナーが指を何本立てているかあてるのです。

その本数を口に出してこたえるのに加え、写真のように指の本数におうじて決められたドリブルを行うという方法もあります。

「2」なので左右のリズムをかえるドリブルを行います（83 ページ）
指2本
「5」を出したら交代です
指5本
パートナーにボールを渡します

アレンジ

練習をどんどん難しくする

慣れてきたら動きながら行ってみましょう。ドリブルで動きながらパートナーの指の数をあてたり、両手で出す数字を足し算やかけ算をして、声に出してこたえる練習方法もあります。

テニスボールドリブル

その場でドリブル

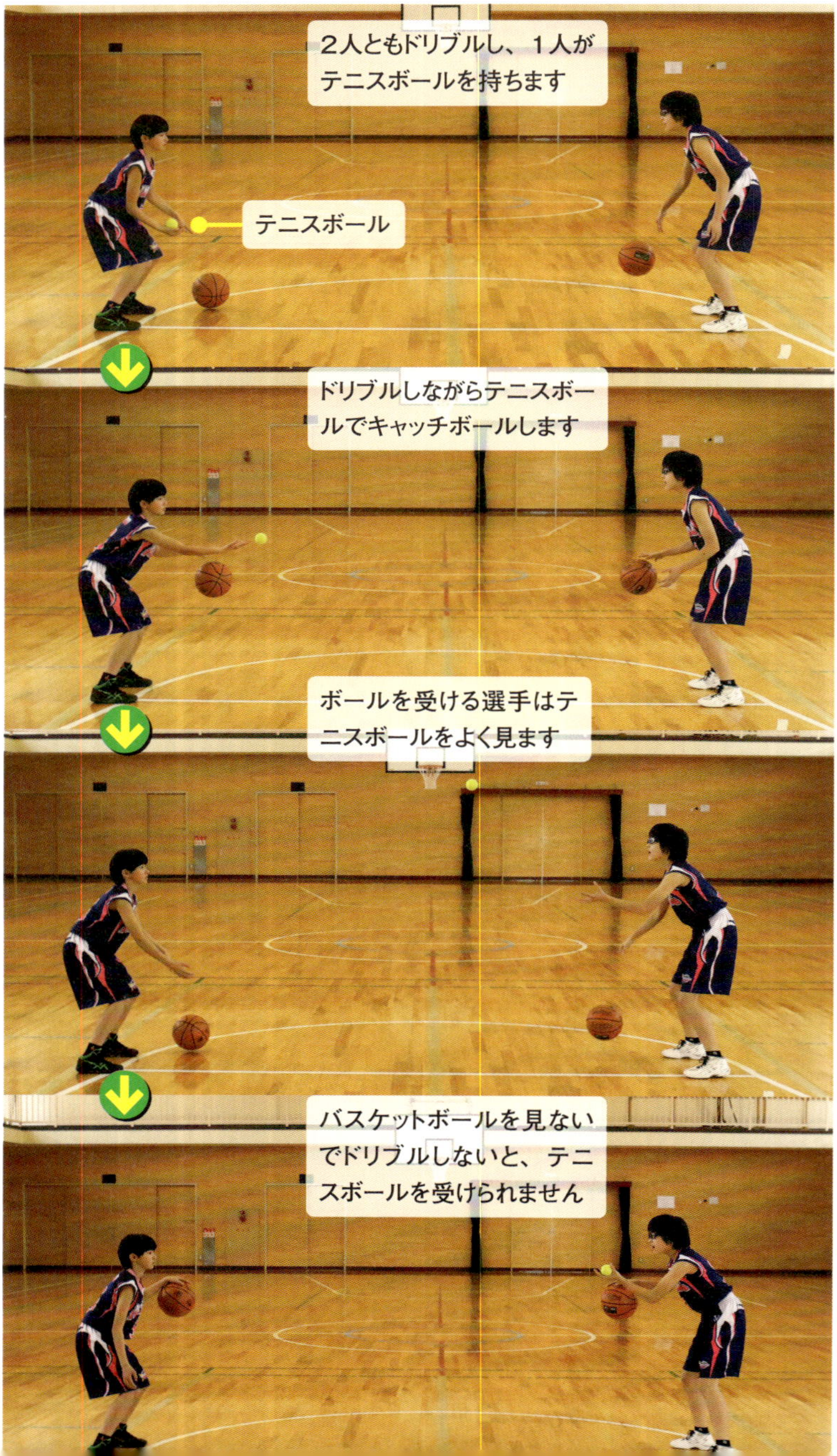
2人ともドリブルし、1人がテニスボールを持ちます
テニスボール
ドリブルしながらテニスボールでキャッチボールします
ボールを受ける選手はテニスボールをよく見ます
バスケットボールを見ないでドリブルしないと、テニスボールを受けられません

アレンジ

テニスボールの壁ドリブルにトライ!

78ページで紹介した「壁ドリブル」をテニスボールで行ってみましょう。バスケットボールをつきながらテニスボールを壁にぶつけてキャッチしてみてください。それがスムーズにできるようになったら壁に近づき、テニスボールを壁に小きざみにあててみましょう。

バスケットボールをつきながら、テニスボールを壁にあててキャッチします

バスケットボールをつきながら、テニスボールで壁ドリブルを行います

両足の間を通す

テニスボールを投げます

投げたらすぐに両足の間にバスケットボールを通します

ドリブルをつづけながらテニスボールを受ける準備をします

逆の手でテニスボールをキャッチしてみよう

2人1組になり、バスケットボールをドリブルしながら、逆の手に持つテニスボールでキャッチボールを行います。

小さなテニスボールをしっかり見ないとキャッチできないだけに、顔をあげてドリブルをつくことができるようになります。

さらに練習を難しくしていきます。テニスボールを投げた後、バスケットボールを両足の間についてすばやく左右に動かしましょう。そうして投げ返されるテニスボールをキャッチします。

ドリブル鬼

2人がボールを持ち、サークルのライン上で向かい合います

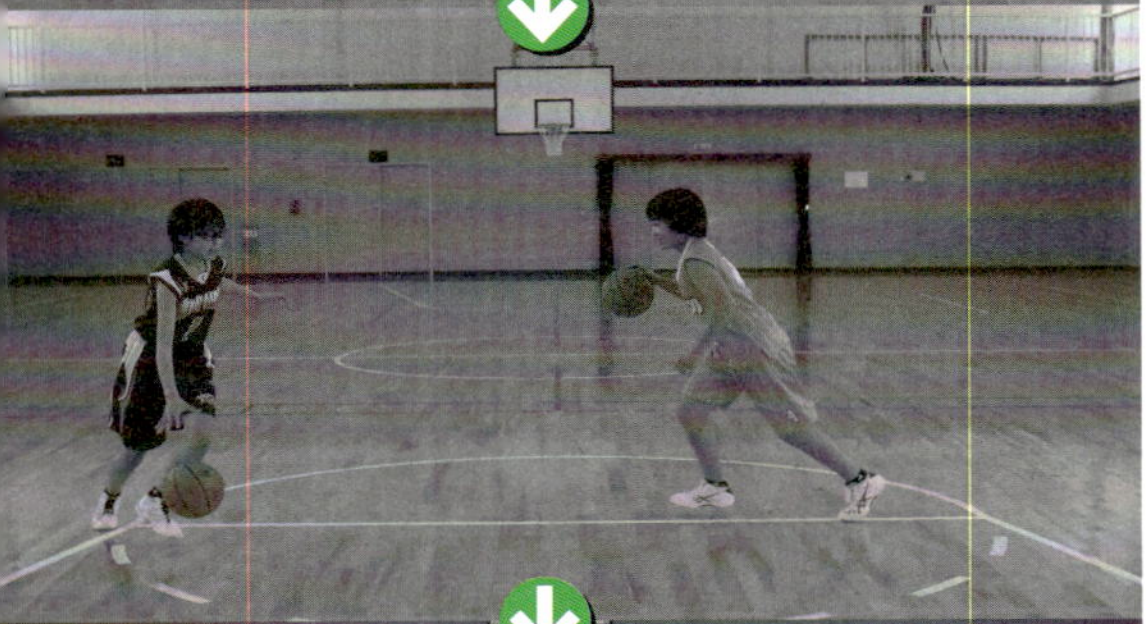

合図とともに、サークルに書かれている、円周と直線のライン上で鬼ごっこ。ただし逃げるほうの選手が動けるのは円周の線上のみです

決められた時間内に鬼がタッチしたら、役割を交代。決められた時間内、鬼から逃げられるようにがんばりましょう

スピードと敏しょう性をドリブルにプラスする

2人がそれぞれボールを持ち、ドリブルしながら鬼ごっこをする練習です。これによってドリブルのスピードや敏しょう性をそなえることができます。

動けるのはサークルに書かれている、円周と直線のライン上のみ。ただし逃げるほうの選手は、円周の線上しか動くことができません。

このドリブル鬼は、相手の動きをよく見なければならないので、相手との「かけひき」

がおぼえられます。前に進むのに加え、後ろに下がったり、一度止まって相手を見ることも意識してみましょう。

体の後ろでボールを動かす

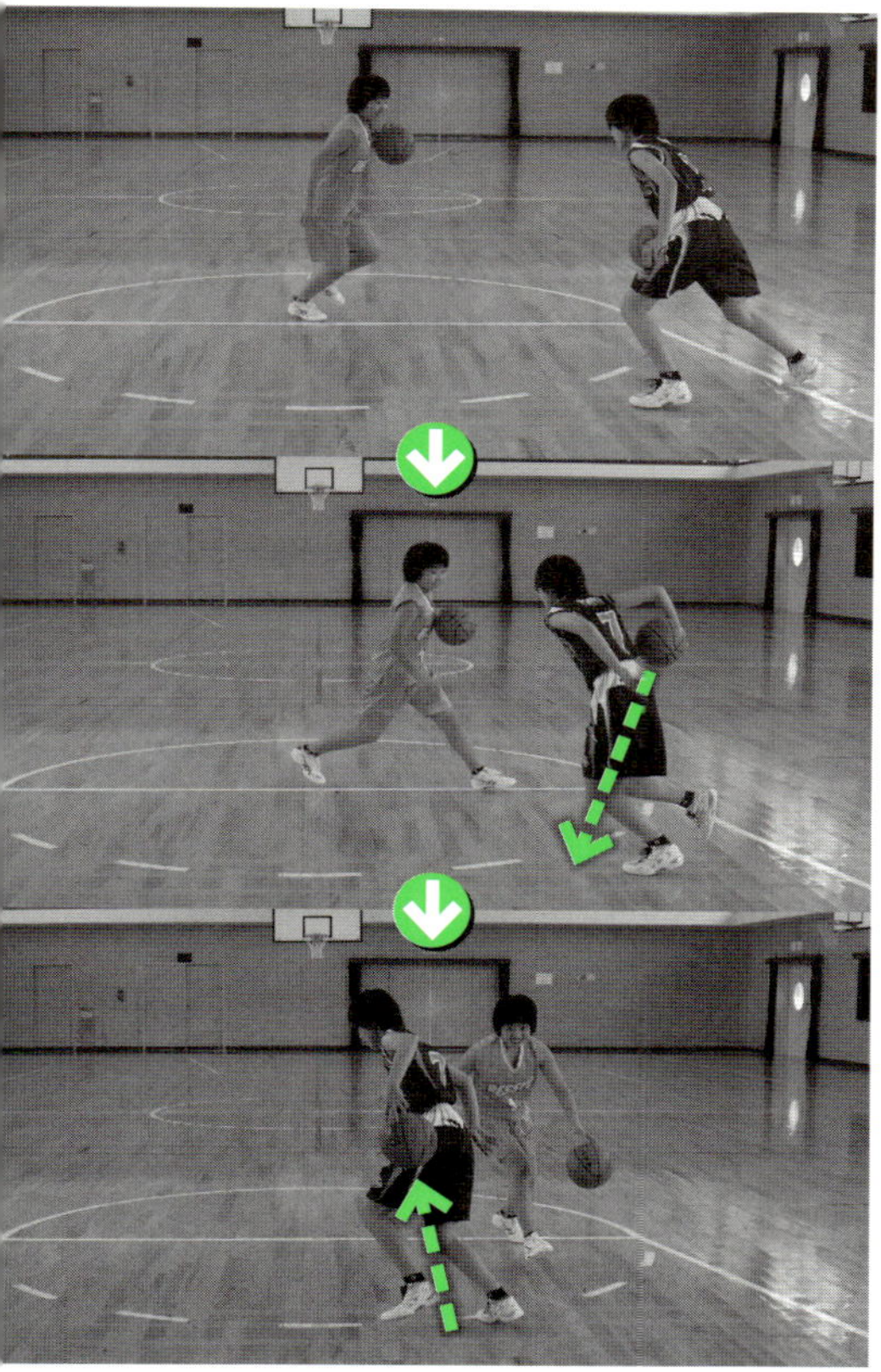

左右に方向をかえる時、体の後ろでボールを動かすことをルールにしてみましょう

両足の間にボールをつく

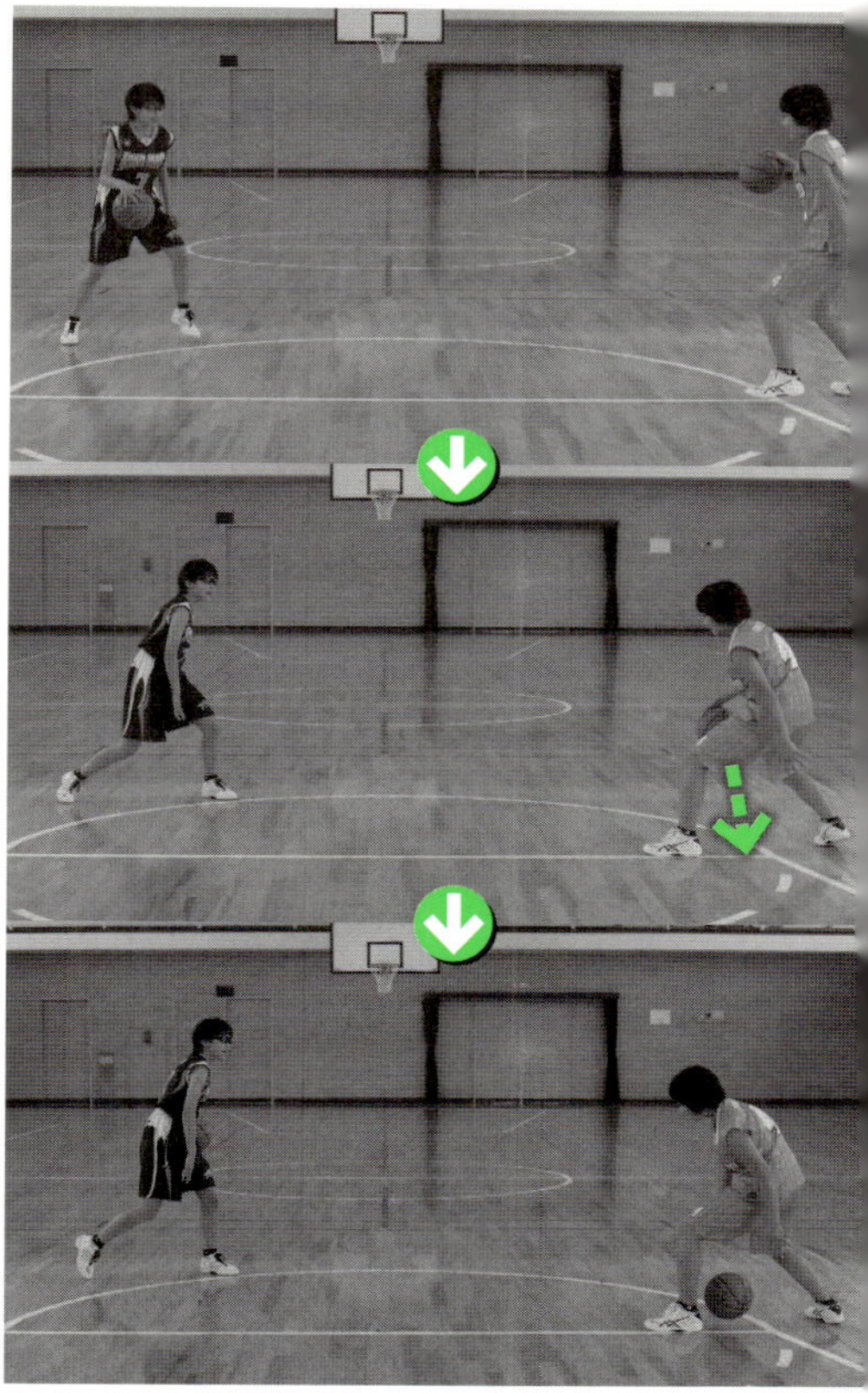

左右に方向をかえる時、両足の間にボールをつかなければならないことをルールにしてみましょう

アレンジ

ドリブルにルールをつけていく

ドリブルにルールをつけていくと、難しくなるとともに、とてもよい練習になっていきます。たとえば上の写真のように、左右に方向をかえる時、両足の間にボールをつかなければならないようにします。または体の後ろでボールを動かすことをルールにするなど、アレンジしてみましょう。

ドリブルおしくらまんじゅう

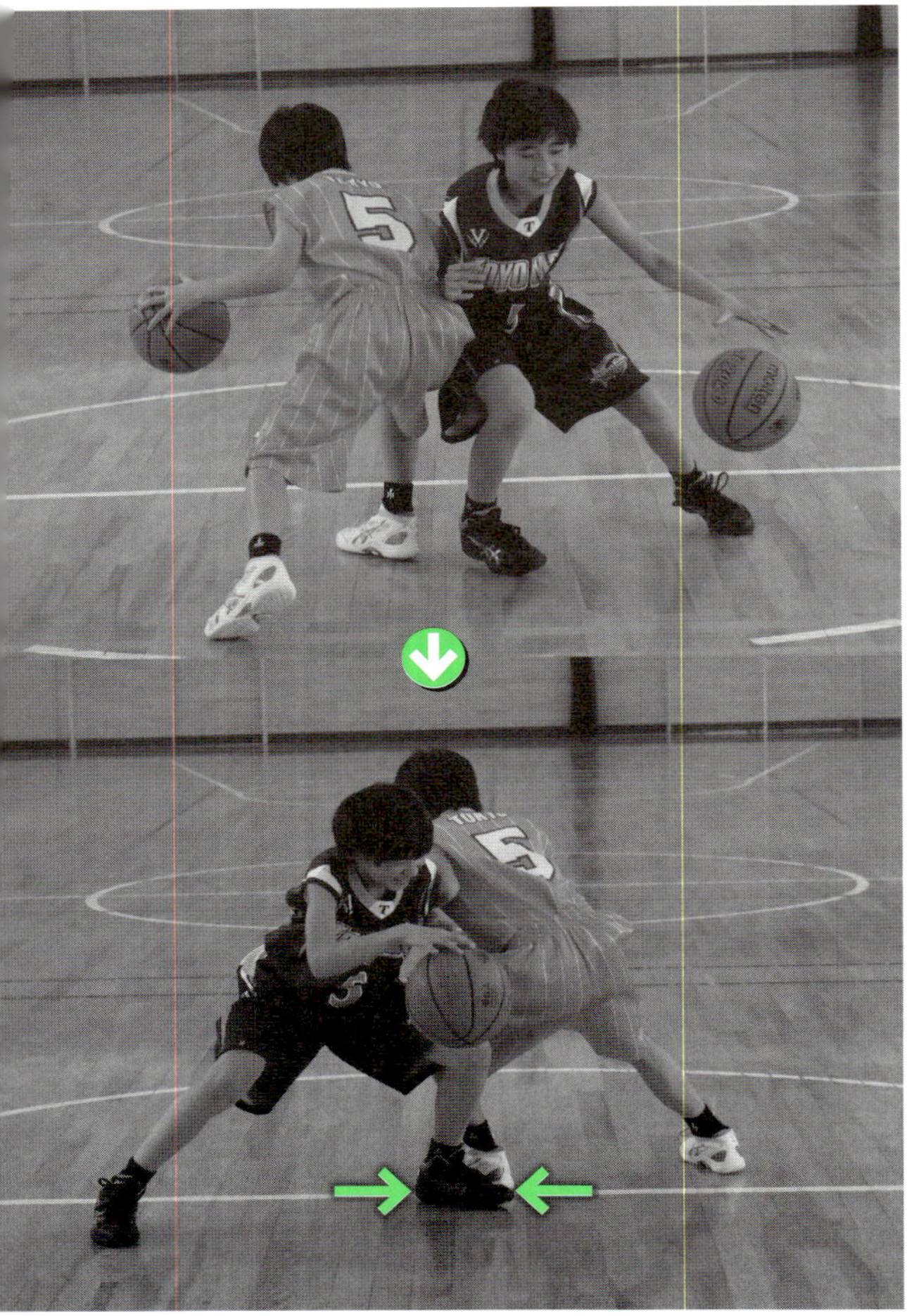

2人がそれぞれボールを持って、サークルで背中合わせになります

バランスがくずれないようにドリブルし、相手を押し出そうとします

ドリブルしながら相手を押し出す

楽しみながらドリブルがうまくなる練習がまだあります。この「ドリブルおしくらまんじゅう」もサークルを使って行います。

ルールは簡単です。おたがいにドリブルし、相手をサークルの外に押し出したら勝ちです。30秒間や1分間など時間を決めて行ってみましょう。

相手にサークルの外に押し出されないように持ちこたえます

相手をサークルの外に押し出したら勝ち。押し出されたほうは負けとなります

チェック

ボール―自分―相手の位置関係

試合で自分のボールを守るためには、ボール―自分―相手という位置関係が基本です。つまりこの練習のように、自分の体でボールを守るかっこうとなるわけです。また相手とのぶつかり合いに慣れるためにも、このような練習が役に立ちます。

向かい合いドリブル

体の前にボールをつく

体の前に同時につきます　　２人が同じリズムでドリブルします

両足の間にボールをつく

両足の間にボールを同時につきます　　おたがいに両足を前後に開き、両手を合わせてスタートします

パートナーのリズムに合わせてドリブルする

２人１組で行うドリブル練習です。２人ともボールを持ち、おたがいにドリブルのリズムを合わせます。そしてボールを左右に動かした直後、ボールを持っていないほうの手でおたがいにタッチします。そのタイミングも合わせます。

つまり自分だけのリズムではなく、相手のリズムも頭に入れてドリブルしなければならないわけです。

写真のように、体の前に

ボールを持っていない手でおたがいにタッチします

再度、ボールを体の前に同時につきます

再度、ボールを持っていない手でおたがいにタッチします

ボールを持っていない手でおたがいにタッチします

再度、両足の間にボールを同時につきます

再度、ボールを持っていない手でおたがいにタッチします

ボールをつくパターンができるようになったら、両足の間にボールをつくパターンにもトライしてみましょう。

アレンジ

練習方法を目的におうじて使い分ける

練習の方法として2つあります。1つはおたがいにリズムを合わせる方法。これは2人のチームプレーをよくします。もう1つは、1人が自分のリズムでドリブルし、もう1人がそれに合わせるという方法です。これはリズムを合わせようとする選手のドリブルのレベルをあげてくれます。練習の目的におうじて使い分けてください。

オールコートのドリブルシュート

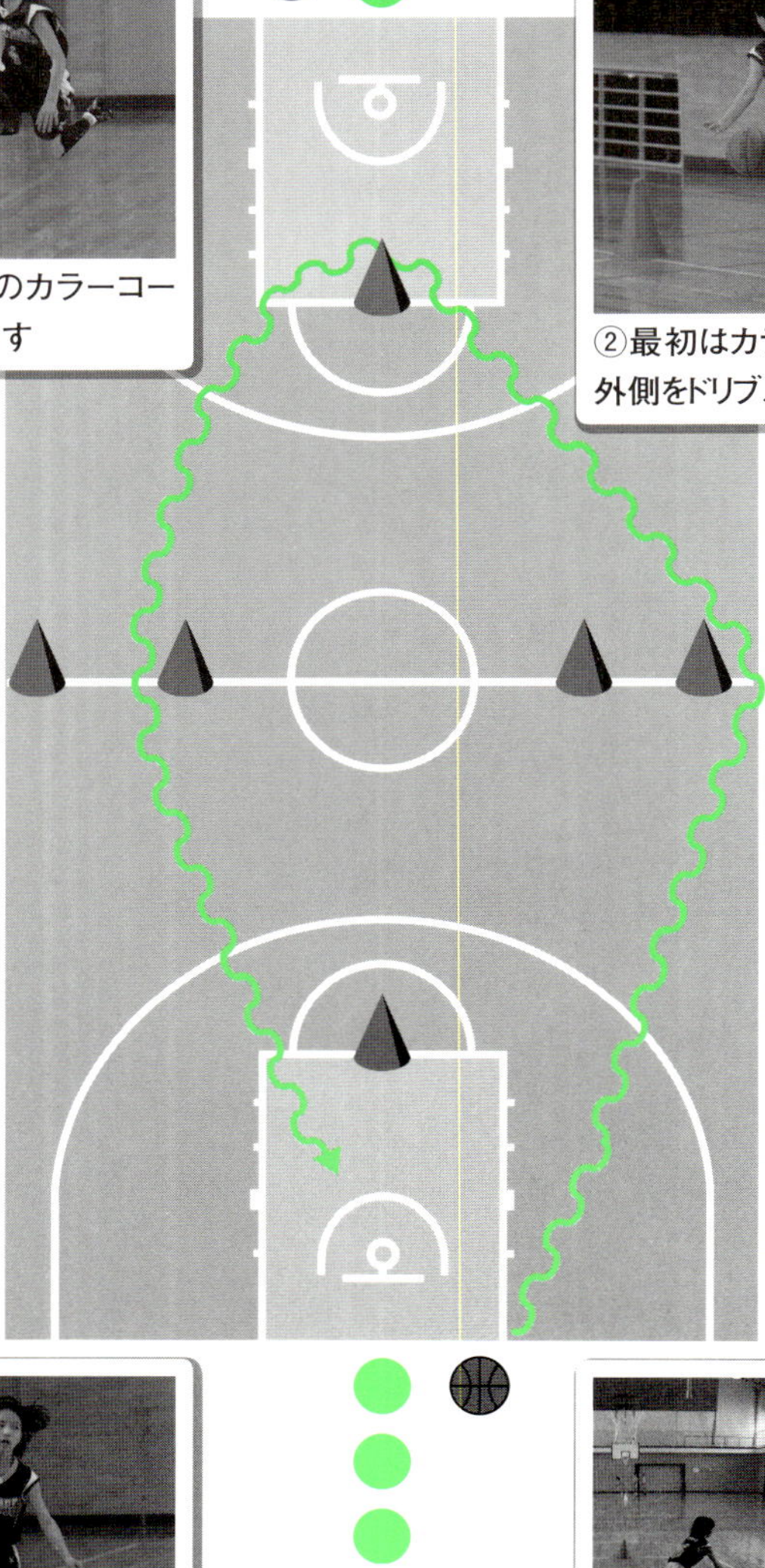

※図が見やすいように、一方の選手の動きのみ書いてあります。練習では両サイドから同時に行い、競争しましょう。

①▲がカラーコーン。ゴール下にそれぞれ列をつくります

②最初はカラーコーンの外側をドリブルで通ります

③逆サイドのカラーコーンをまわります

④帰りはカラーコーンの間をドリブルで通ってシュートを決めます

ドリブルからシュートを決める練習にトライ!

スピードにのったドリブルからシュートを決める練習です。

①右図のようにカラーコーンやマーカーを置き、ゴール下にそれぞれ列をつくります。

②ドリブルを開始したらまず、カラーコーンの外側を通ります。

③逆サイドのコーンをドリブルでまわります。

④ドリブルしたままカラーコーンの間を通ってシュートを決めます。

⑤次の選手がスタートします。

レイアップシュートのほかに、ゴールから少し離れたところで止まって打つ「ジャンプシュート」のパターンにもトライしてみてください。また、おたがいの列が競争すると練習がもり上がります。

ドリブルから ジャンプシュート

しっかりと止まり、真上にジャンプしてシュートを打つことを心がけましょう

ドリブルから レイアップシュート

走るスピードをコントロールして、レイアップシュートを確実に決めましょう

みよう!

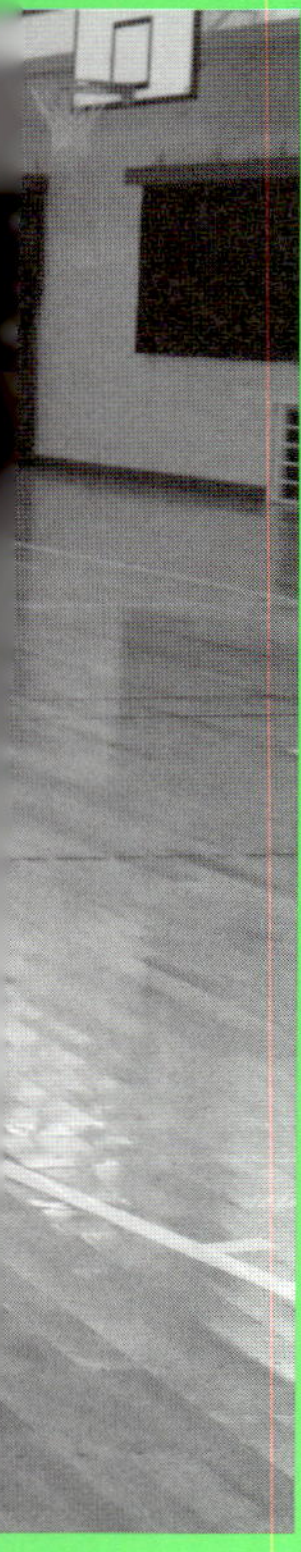

第4章

なかまにパスを出して

どうしてパスを使うの？

みんなが得点できることによってチームが勝てる

ミニバスケットボールは、5人対5人のチームスポーツです。1人だけ、がんばっても試合で勝てないだけに、なかまと協力してプレーすることが大切なのです。そのために、ボールをわたす「パス」を上手に使えるようにならなければなりません。つまり、自分の得点だけで勝とうとするのではなく、みんなが得点できることによってチームが勝てる可能性が高くなるということです。

ドリブルで移動して攻撃を展

顔
しっかりとボールを見ます

両手
ボールがすっぽりと両手におさまるように5本の指を開き、手のひらをボールに向けます

ひじ
ボールのいきおいを止められるようにひじが開かないようにします

ひざ
次のプレーがすぐにできるようにひざを少し曲げます

つま先
体全体がボールの方向を向くようにつま先も向けます

開することもできますが、選手が走るよりもパスしたほうが、はやくボールを移動させることができます。それによって相手はまもりづらくなるのです。

まずはパスを受けるキャッチの基本姿勢から見てみましょう。

ポイント

4人はキャッチの基本姿勢をとる

試合中、自分のところにパスがくるとはかぎりません。それでもボールを持っている選手以外の4人は、パスを受けられる姿勢をとることが大切です。その時には5本の指を開き、手のひらをボールに向けること。指をボールに向けると、つき指してしまうので、気をつけましょう。

チェストパス

片足をふみこみ、へそから
パスを出すように意識します

ボールを両手で
持ってかまえます

ひじを横にはらず 胸やへそからパス

両手でなかまの胸に向かってパスしてみましょう。自分の「チェスト（胸）」から相手の「チェスト（胸）」に出すことから、「チェストパス」と呼ばれています。

ただ、体の小さな小学生が胸から出そうとすると、ひじをはってしまい、強いパスを出せない場合があります。そこで、ひじをはらないように、おへそのあたりからパスを出してみてください。

そうして少しずつ、パスを

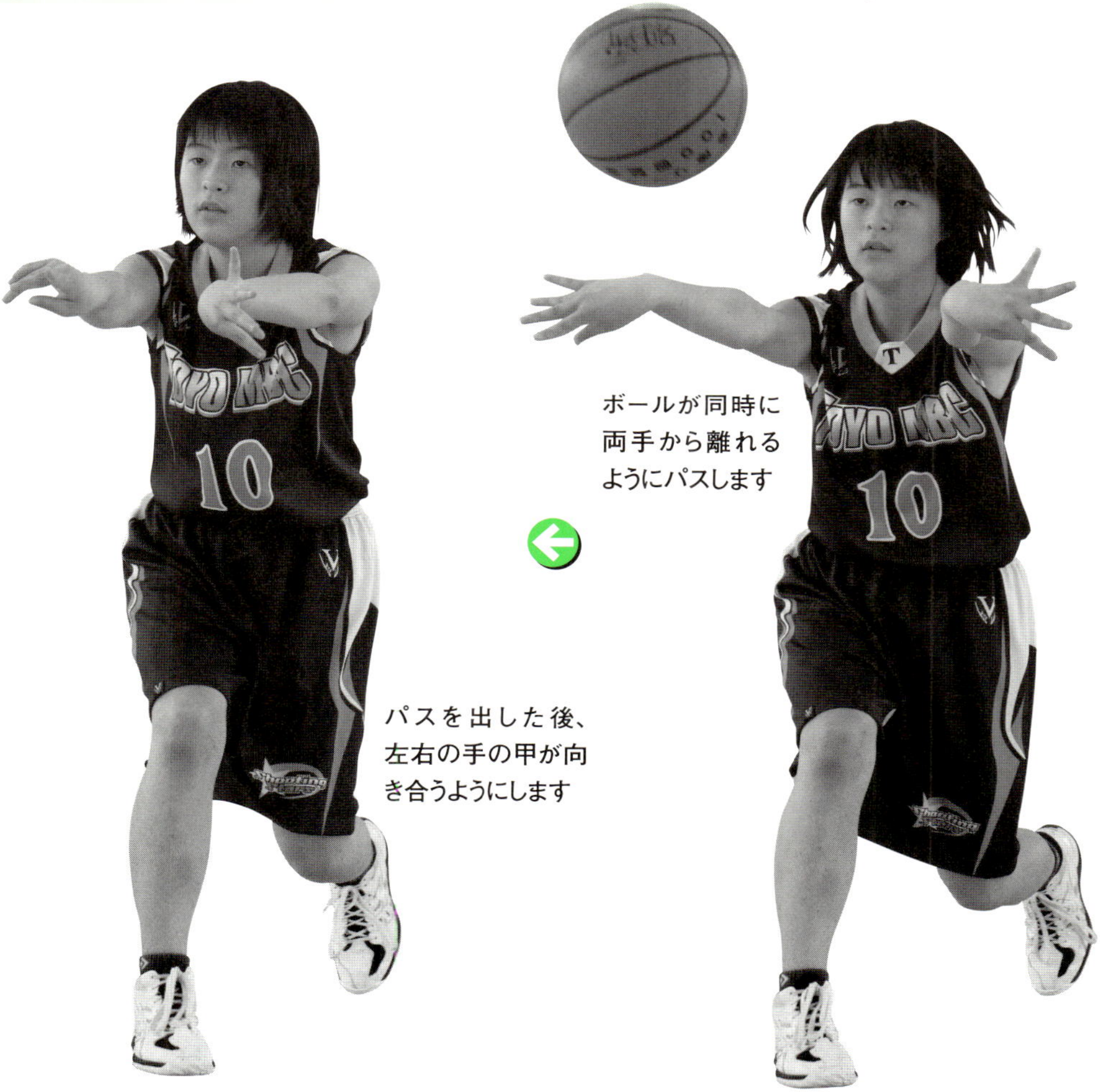

ボールが同時に
両手から離れる
ようにパスします

パスを出した後、
左右の手の甲が向
き合うようにします

出す位置を胸へとあげていきます。その時にも、ひじをはらないように注意しましょう。

チェック

両手で適度に強いパスを

パスを受けるなかまの気持ちを考えてパスを出しましょう。すぐ近くにいるのに、強すぎればパスを受けにくいですよね。逆に、遠いところにいるのに、パスが弱すぎると、相手に取られてしまいます。両手で適度に強いパスを出すことで、シュートにつながりやすくなります。

パスのコツ②

プッシュパス

片足をふみこみ、パスを出すのとは逆の手をボールにそえてまもります

ボールを押し出すように強いパスを出した後、手首をしっかりと曲げます

ボールを横にずらして相手をかわす

相手が近くにいる時には、体の正面から出すチェストパス（108ページ）は出しにくいものです。そこで身につけてほしいのが、ボールを体の横にずらして出すパスです。ボールを片手で押し出すようなかっこうになることから「プッシュパス」と呼ばれています。

とくに試合で目の前に相手がいる時、相手に取られないタイミングでプッシュパスを出すように心がけましょう。

そのためには、自分が得意と

トリプルスレットでかまえます

パスを出す手のほうに
ボールを持ってきます

するほうの手だけでなく、逆の手でもプッシュパスを出せるようにしておくことが大切です。

ポイント

足を横にふみこむことで相手をかわしやすくなる

ボールを横にずらす時、手だけでは相手をかわすことが難しい場合があります。そこで足を横に一歩ふみこみます。そうすることで、相手をかわしやすくなり、パスが確実に通るようになります。右にふみこんでのプッシュパス、左にふみこんでのプッシュパス、両方を練習しましょう。

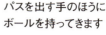

バウンドパス

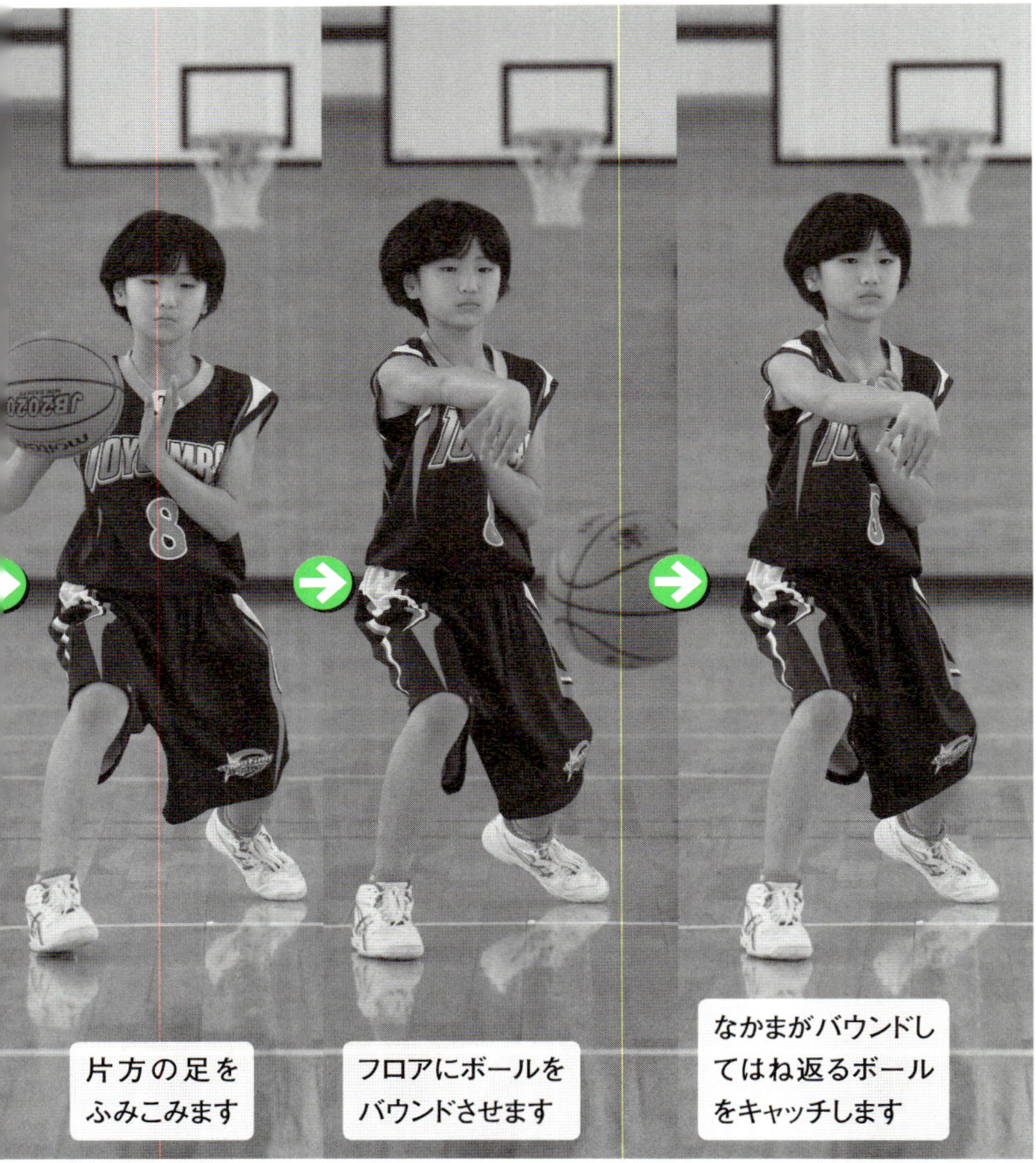

片方の足をふみこみます

フロアにボールをバウンドさせます

なかまがバウンドしてはね返るボールをキャッチします

フロアにバウンドさせて相手をかわす

空中のパスが出しにくい時には、フロアにバウンドさせてパスを出すこともできます。これを「バウンドパス」と言います。

バウンドさせるだけに、空中のパスに比べて弱いパスになりますが、キャッチする選手はパスを受けやすい、というとくちょうがあります。

大事なことはバウンドさせる場所です。パスを出す選手は、中間よりややパスを受ける選手に近い位置にバウンドさせましょう。バウンドした後、山な

ポイント

バウンドさせる位置をおぼえる

バウンドさせる位置の目安は、「2/3」とされています。つまり、パスの距離を3等分して「2/3」のあたり。中間よりパスを受ける選手にやや近い位置ということです。バウンドさせる場所が、パスを受ける選手に近すぎると、ボールが足にぶつかるなどして取りにくくなるので気をつけてください。

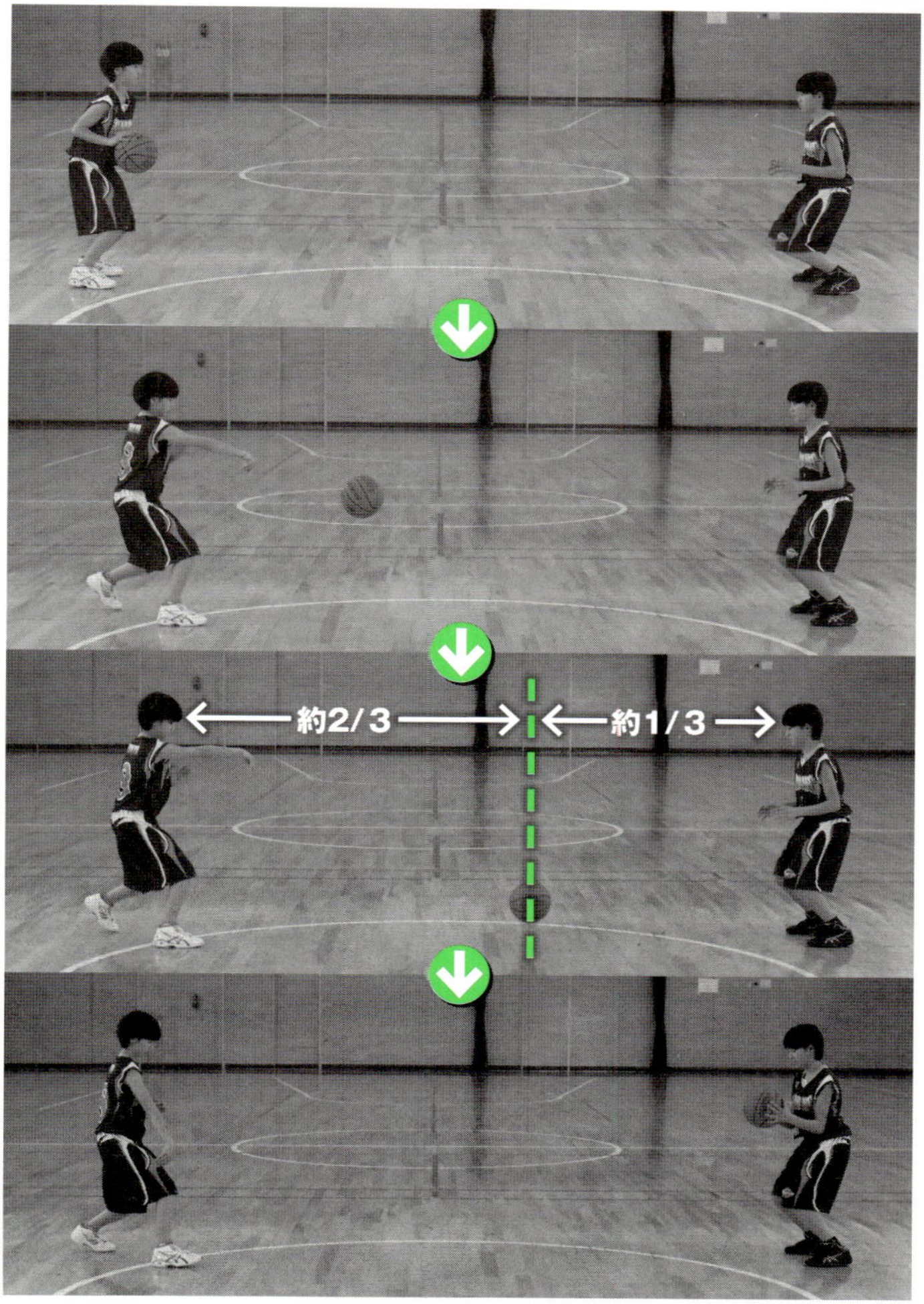

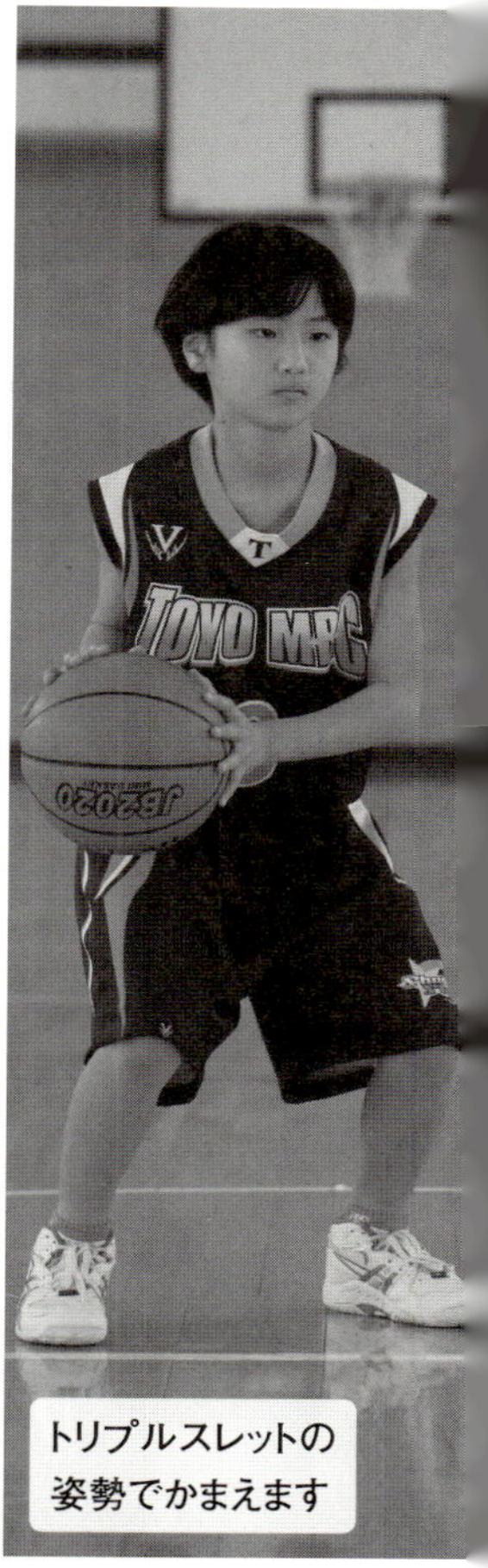

トリプルスレットの姿勢でかまえます

りになってしまったり、パスを受ける選手の足もとでバウンドすると、ミスにつながるので注意してください。

ラテラルパス

体を前に向けたまま、片手
でボールをささえます

チェック

ゴールに向かいながら使う

試合ではシュートを積極的にねらえるように、ゴールに体を向けるのが基本です。その体勢から横にいるなかまにパスを出したい時、ラテラルパスであれば瞬時に行えます。ゴールに向かってドリブルしながら使えるテクニックでもあります。

パスを出せる一瞬のタイミングをのがさない

体を前に向けたまま、横にいるなかまにすぐにパスを出したい時に使えるテクニックが「ラテラルパス」です。相手にまもられる前に、そのままの姿勢ですぐにパスを出せるのがとくちょうです。

忍者が「しゅりけん」を投げるようなかっこうになることから、「しゅりけんパス」とも呼ばれています。

右手でパスを出す時には、左手でボールをささえます。そして右手の親指が下、小指が上にくるようにしてかまえてパスを出します。左手でパスを出す場合には、これらが逆になり、右手でボールをささえ、左手の親指が下、小指が上にくるようにしてかまえてパスを出します。

横にいるなかまにラテラルパスを出します

手首の力を使ってすばやくパスを出します

ボールが山なりにならないようにパスを出しましょう

オーバーヘッドパス

両手でボールを頭の上に持ちあげ、片方の足をふみこみます

ボールを頭上にあげて上からパスを出す

少し離れたところにいるなかまにパスを出したい時、または頭の上からパスを出しやすい時があります。そういう場合に使えるのが、両手で頭の上から出す「オーバーヘッドパス」です。

大切なのは、すばやい動きで出すこと。少し離れたところにパスを出すからといって、ボールを大きく後ろに引いてしまうと、相手に取られてしまうので気をつけてください。

手首や腕の力を使って、すばやいモーションでパスを出すように心がけましょう。

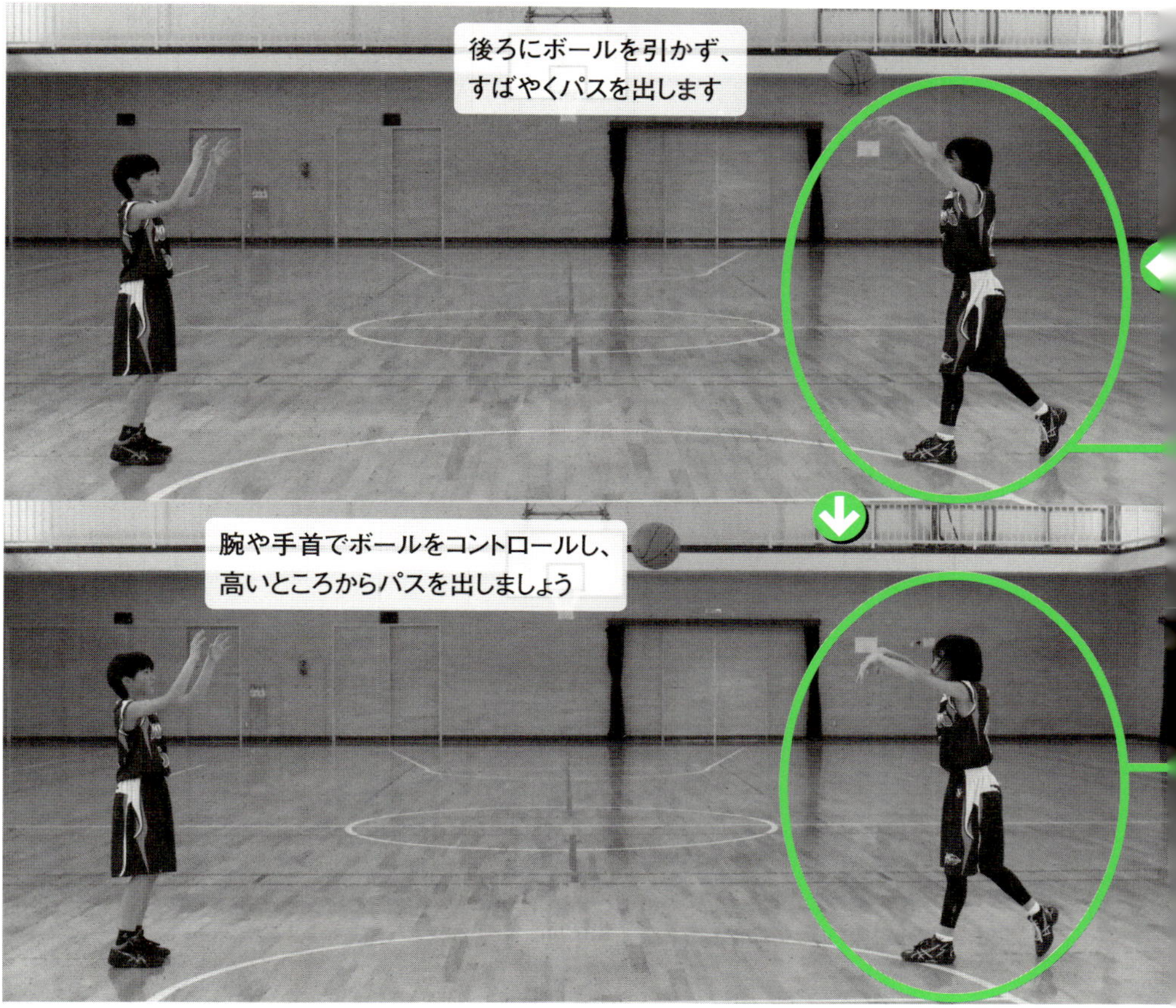
後ろにボールを引かず、
すばやくパスを出します
腕や手首でボールをコントロールし、
高いところからパスを出しましょう

アレンジ

遠いところに出す時には「ショルダーパス」を

試合では、相手のコートに向かって走るなかまにパスを出す時もあります。そういう遠いところにパスを出す時には、野球のように片手でボールを投げる「ショルダーパス」が使えます。肩の上で、片手でボールを持ち、手首や肩の力をきかせて強いパスを出します。その時にもボールを後ろに引かず、すばやくパスを出すように心がけましょう。

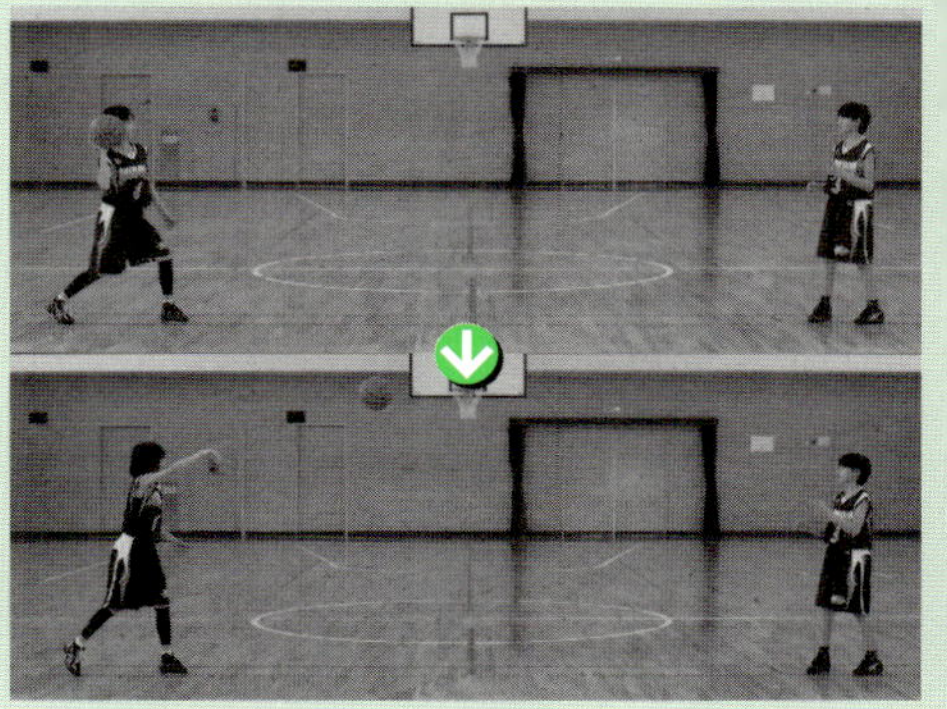

ランニングパス

2人1組で1人がボールを持ち、腰にボールを置くことを意識します

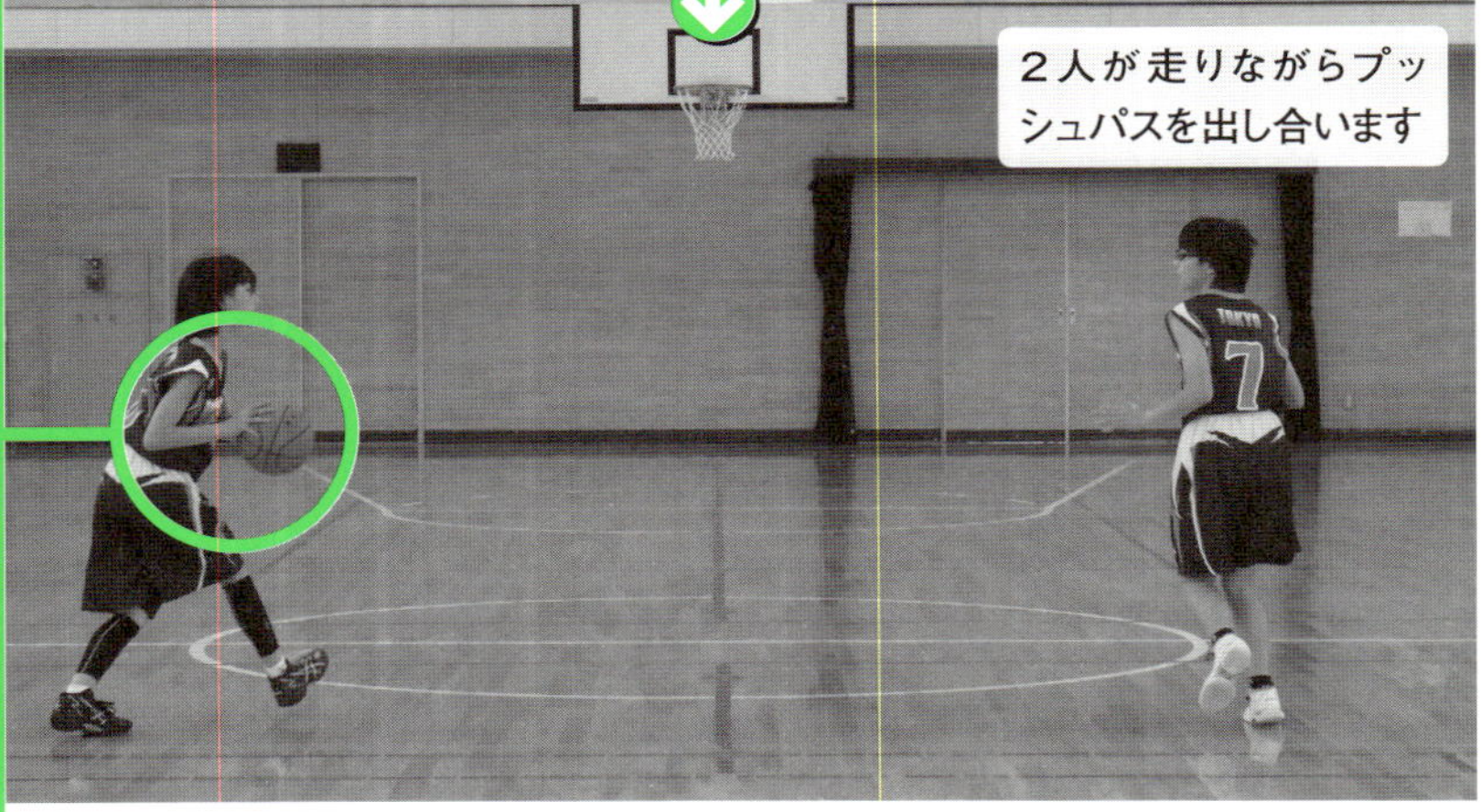
2人が走りながらプッシュパスを出し合います

スピードをいかせるように走る先にパスを出す

試合では止まった状態だけでなく、なかまと走りながらプッシュパスを出し合うこともあります。これは「ランニングパス」とも言います。このランニングパスでコンビネーションを高めることによって、スピードにのった攻撃ができるようになります。

止まった状態とは違い、走っている時には、なかまが走る先にパスを出すことが大切です。そうすることで、走るスピードをゆるめずに次のプレーに移ることができるからです。

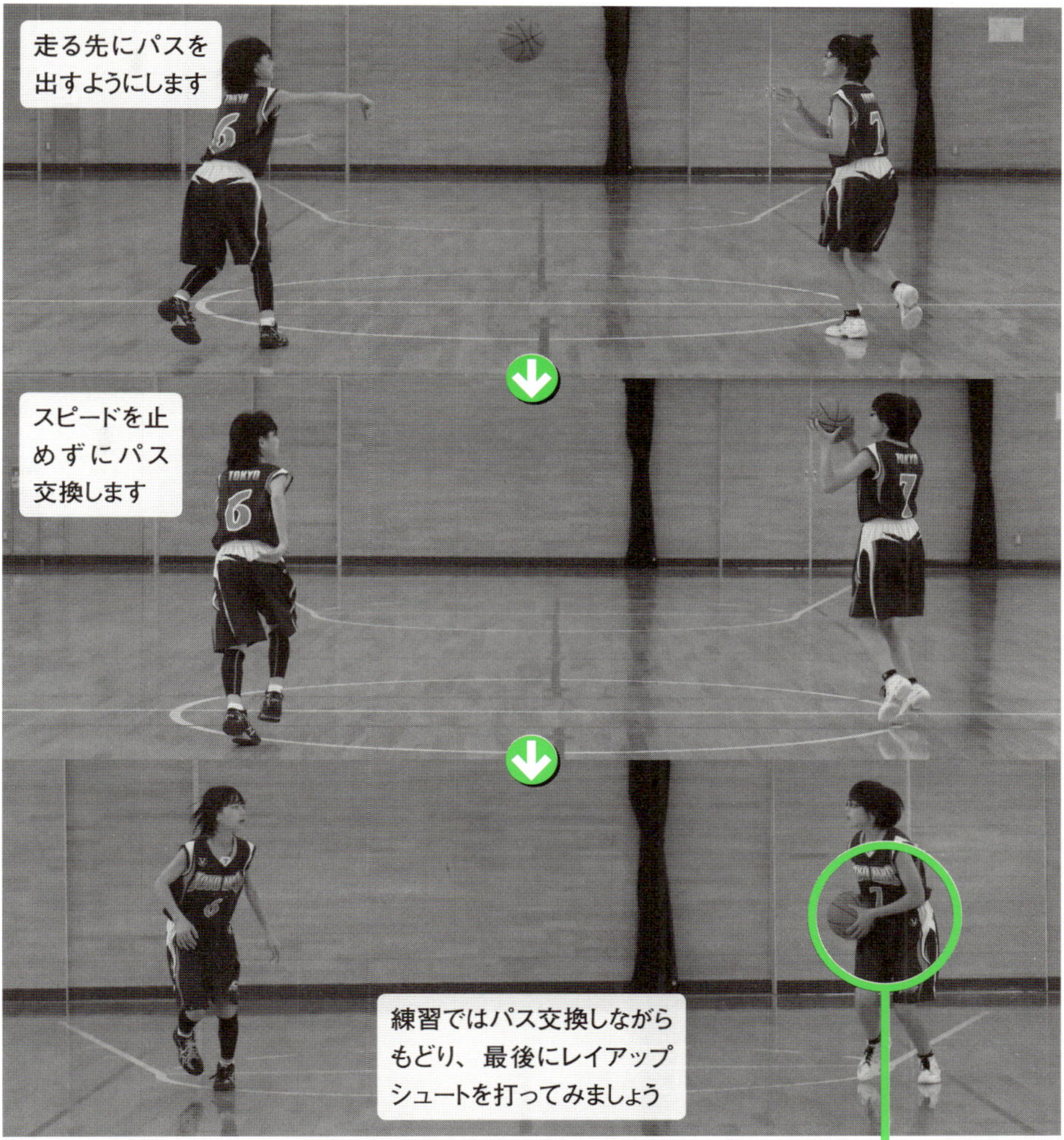
走る先にパスを
出すようにします
スピードを止
めずにパス
交換します
練習ではパス交換しながら
もどり、最後にレイアップ
シュートを打ってみましょう

ポイント

腰から出すことを忘れずに

走りながらプッシュパスを出す場合、腰から出すことによって強いパスを出すことができます。弱いパスだと相手に気づかれてパスをとどかせるのが難しくなるので、腰からパスを出すことを忘れないようにしてください。

走りながらのバウンドパス

バウンドさせることでスピードをいかしやすい

前のページでは、走る選手に対してプッシュパスを出しました。そのほかに走る選手に対してバウンドパスを出す方法もあります。ボールをフロアにバウンドさせることによって、パスを受ける選手が走りこむタイミングをつかみやすく、走るスピードをいかしやすくなります。

また、相手が空中のパスを警戒している時なども、下にバウンドさせることで相手をかわすことができます。バウンドさせる位置はパスを受ける選手に近いところが基本ですが、なかまの走るスピードなども関わってくるので練習をくり返すようにしましょう。

ポイント

パスを受ける選手がボールを通りすぎないように

118 ページのプッシュパスと同じ感覚でバウンドパスを出そうとすると、パスを受ける選手がボールを通りすぎてしまいます。つまり、もっと前にバウンドさせて走りこみながらパスをキャッチするかっこうとなるわけです。試合では走る選手のスピードだけでなく、相手の位置も確認してパスを出すように心がけましょう。

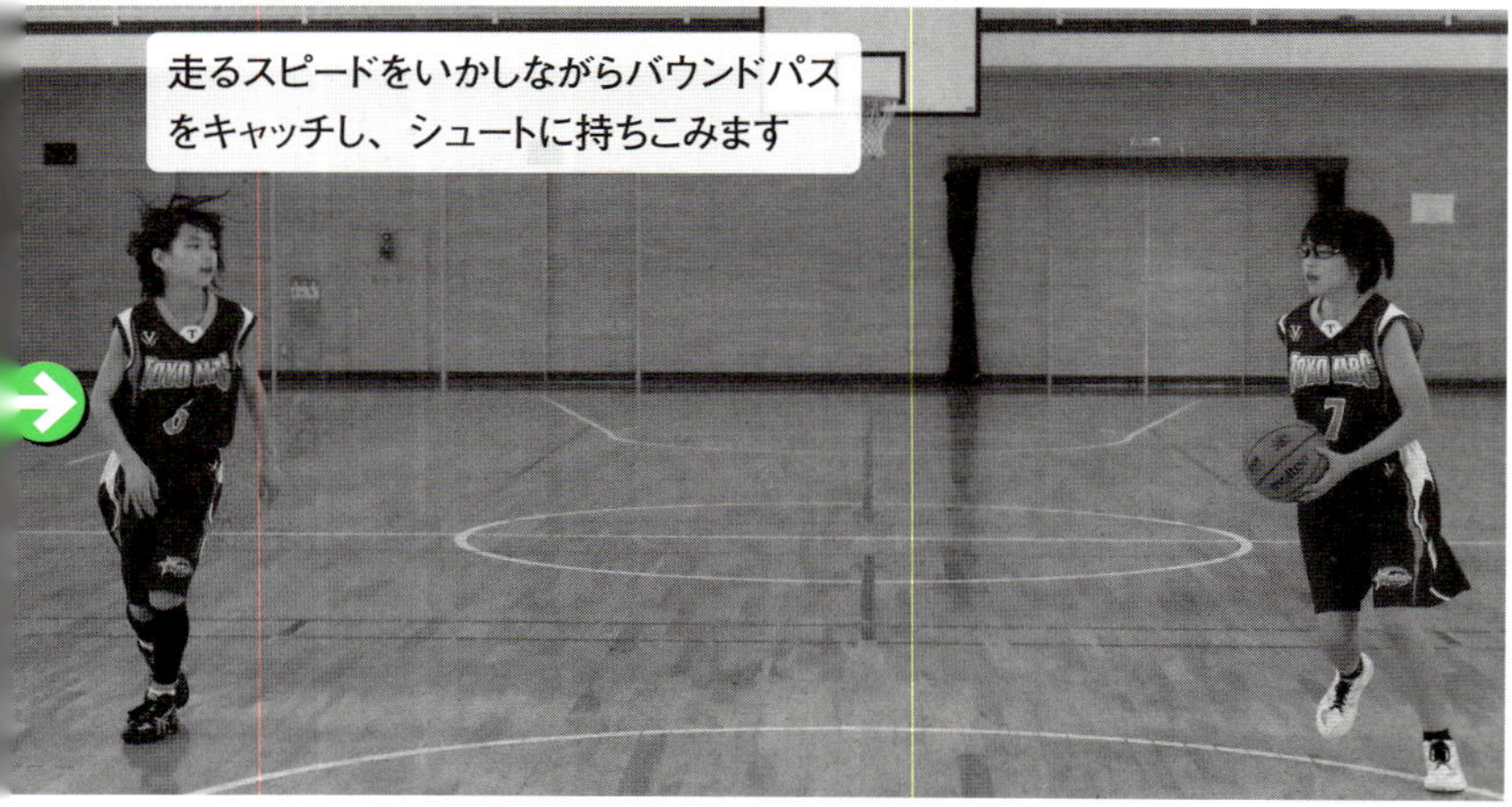

走るスピードをいかしながらバウンドパスをキャッチし、シュートに持ちこみます

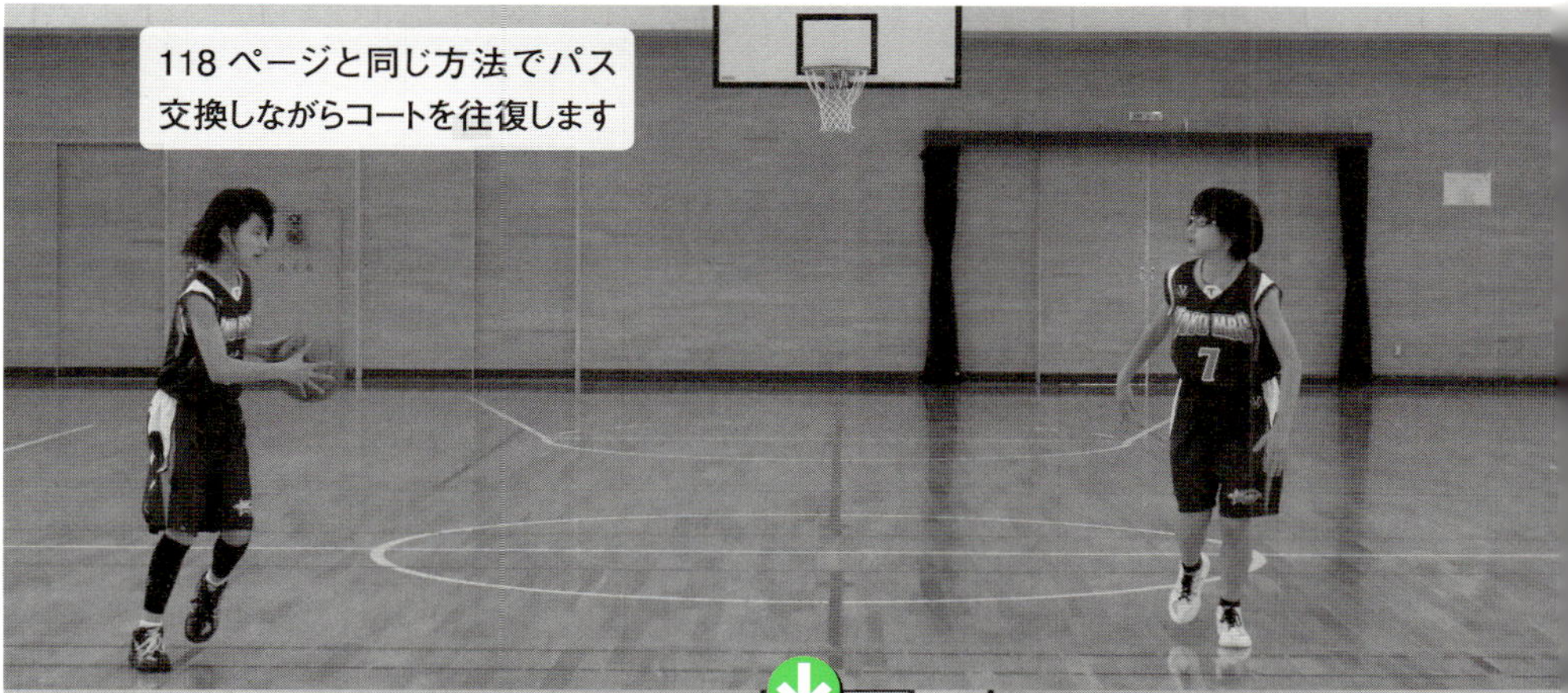

118ページと同じ方法でパス交換しながらコートを往復します

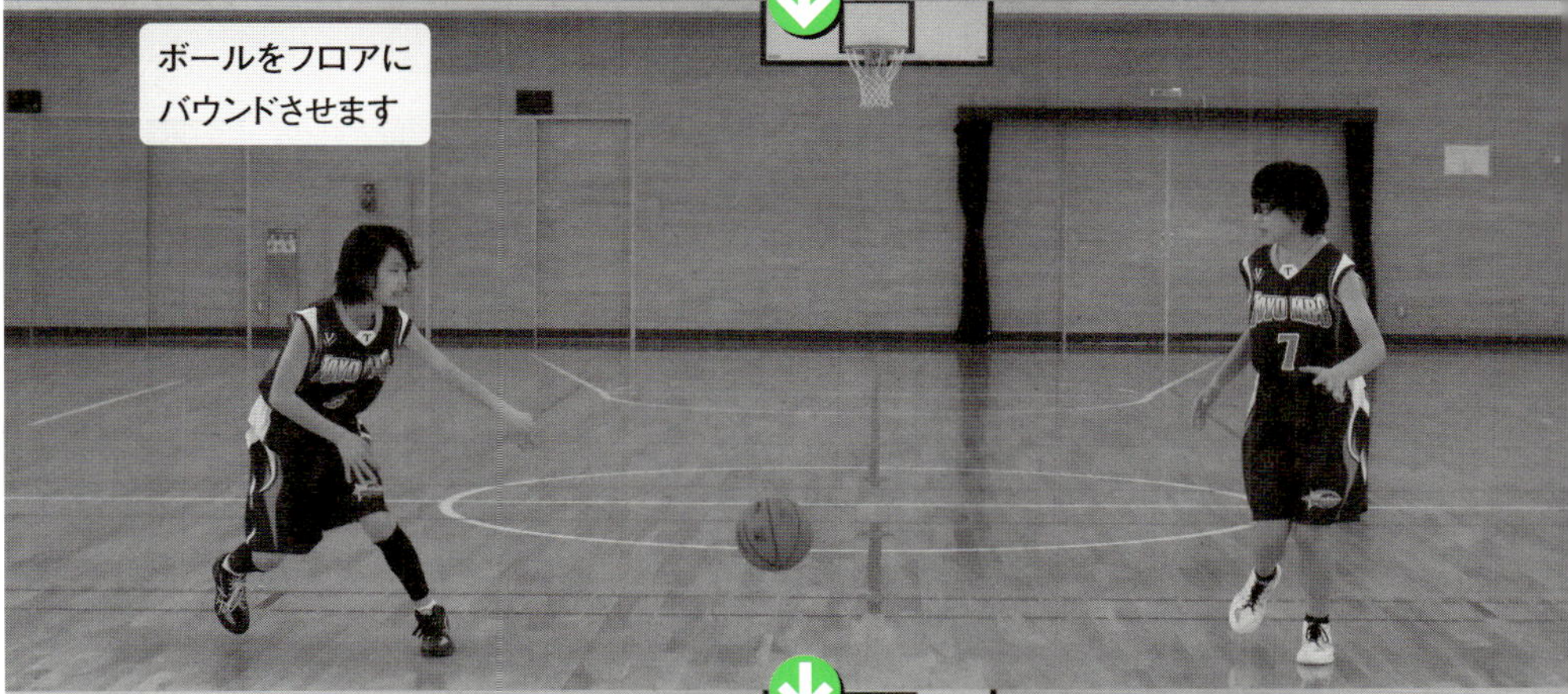

ボールをフロアにバウンドさせます

バウンドさせる位置は、パスを受ける選手に近いところが基本です

走りながらクイックパス

両手でパスをすばやく返す

118ページのプッシュパスでは、キャッチしたボールを腰に持ってきてからパスを出しました。ここでは、もっとすばやいパスを出し合います。そのようなパスを「クイックパス」と言います。

両手でパスをキャッチしたら、ボールを腰に持ってきたり、持ちかえたりせず、そのまま両手でパスをすばやく返します。したがってプッシュパスではなく、チェストパスを出すかっこうになります。

言いかえると、パスをキャッチした後、走る足がつくかつかないかくらいの、すばやいタイミングでパスを返すということです。

チェック

スピードをゆるめずたくさんのパスができるように

このクイックパスの練習を行う際には全速力で走りながら、できるだけたくさんのパス交換ができるように意識することが大切です。そのためには「クイック」の文字どおり、すばやいパスの動作が必要となります。ただし試合ではミスしないように、相手の位置をはあくしながらスピードをコントロールすることも大切です。

おたがいの息を合わせて、一往復でたくさんのパスを出し合えるように練習しましょう

118ページと同じ方法でパス交換しながらコートを往復します

両手のチェストパスをすばやく出します

両手でパスのいきおいを受け止めます

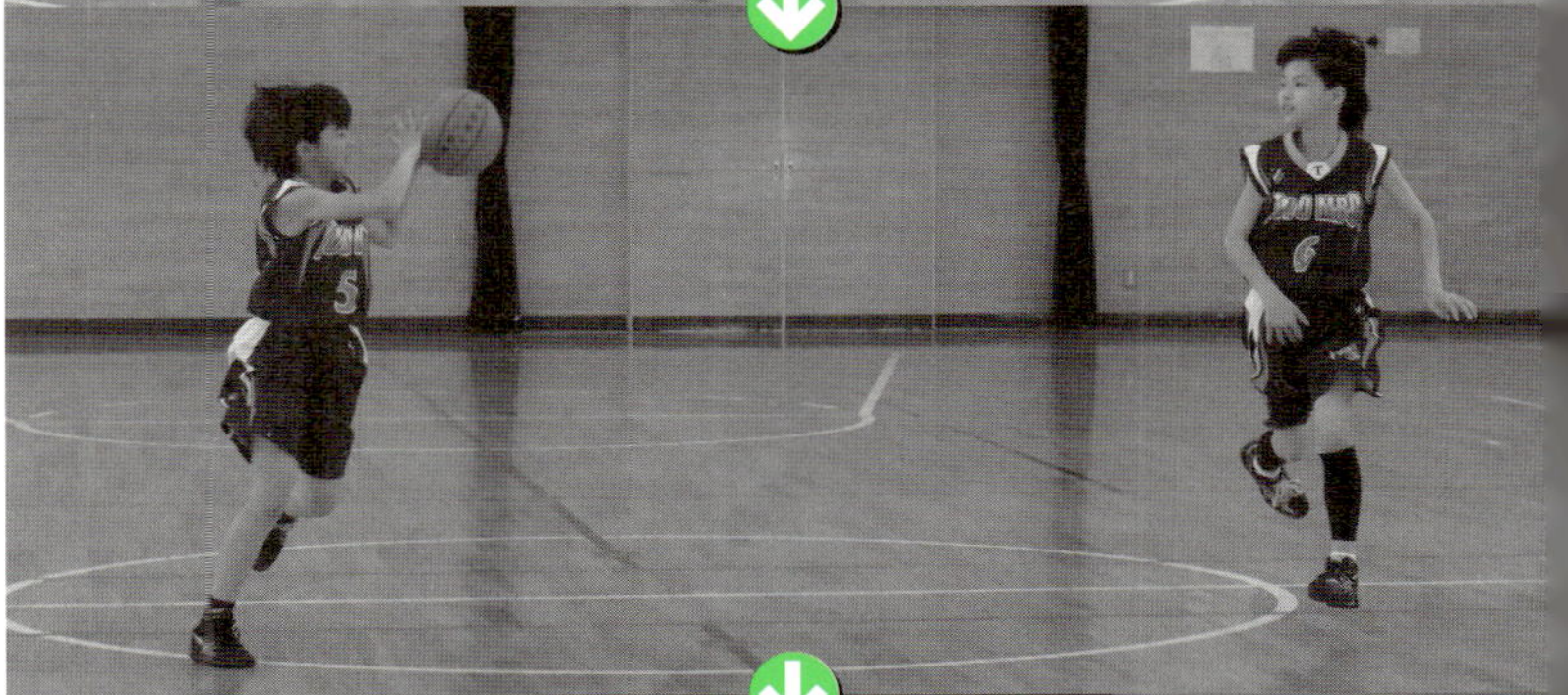

走る足がつくかつかないかのすばやいタイミングでパスをすぐさま返します

走りながら適度な高さのパス

全速力で走りながらも ボールから目を離さない

今度は逆に、できるだけ少ないパスで相手のゴールまで走ります。パスを出す選手は、パスを受ける選手の走るスピードに合うように時間、空間、方向を考えてパスを出します。理想はドリブルなしでシュートすることです。

パスを受ける選手は全速力で走りながらもボールから目を離さず、そのボールに追いつきます。そうして同じようにパスを出します。後ろからくるボールをキャッチするのは簡単ではありませんが、トライしてみてください。

チェック

目標は1本のパスで相手ゴールまで

体力がそなわると、自分のゴールから相手ゴールのほうまでボールがとどくようになるかもしれません。すると1本のパスだけでシュートに持っていくような速攻が可能になります。ここでは両手で適度な高さのパスを出していますが、野球のように投げる「ショルダーパス」（117 ページ）もまじえてトライしてみましょう。

パスを受ける選手がボールを見ながら全速力で走り出します

できるだけ長い距離を走れるように、適度な高さのパスを出します

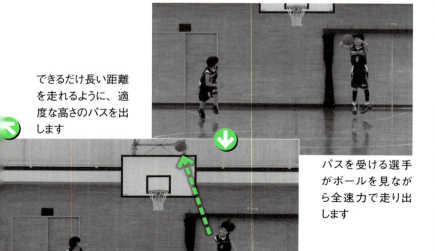

ボールがバウンドしないように、空中でキャッチします

できるだけゴールに近づけるようにパスを出します

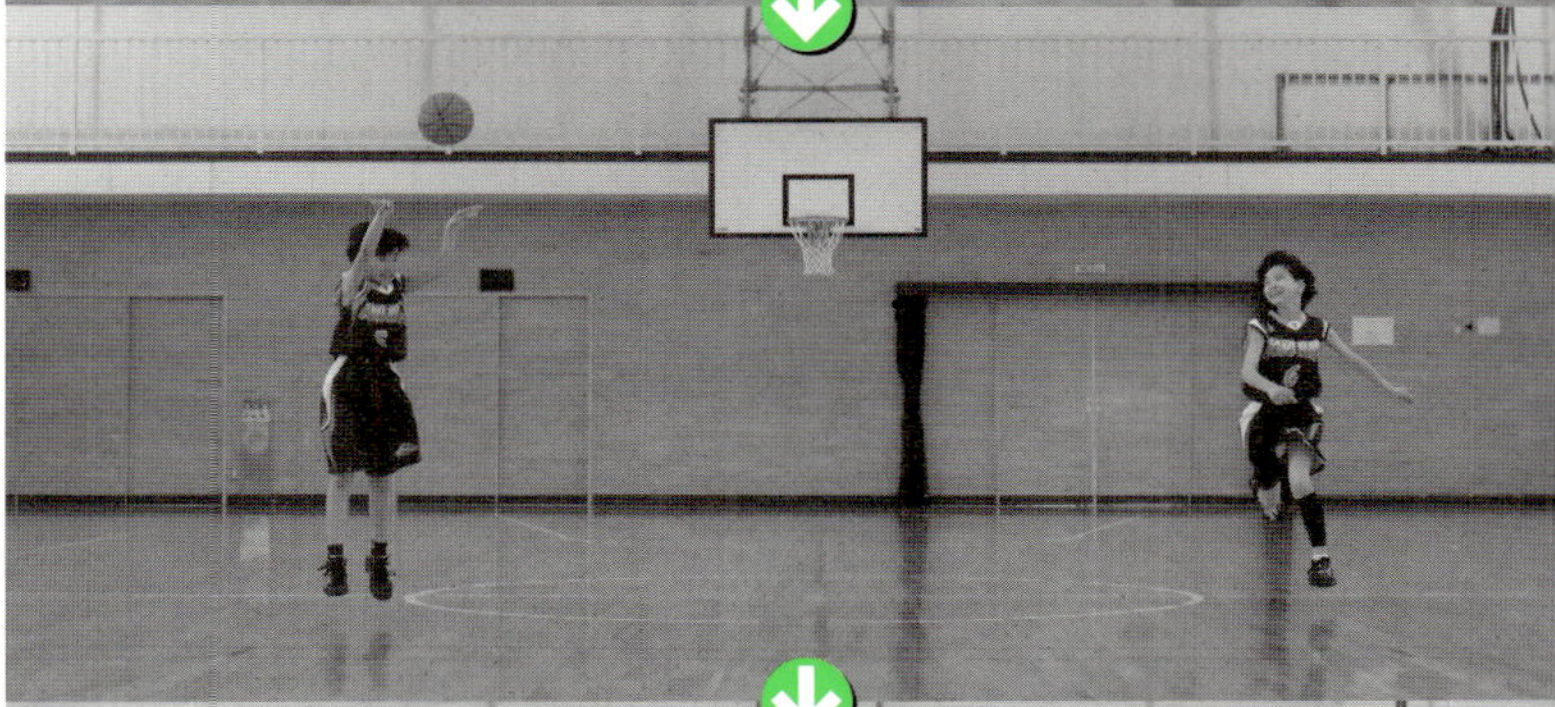

ボールから目を離さず追いつきます

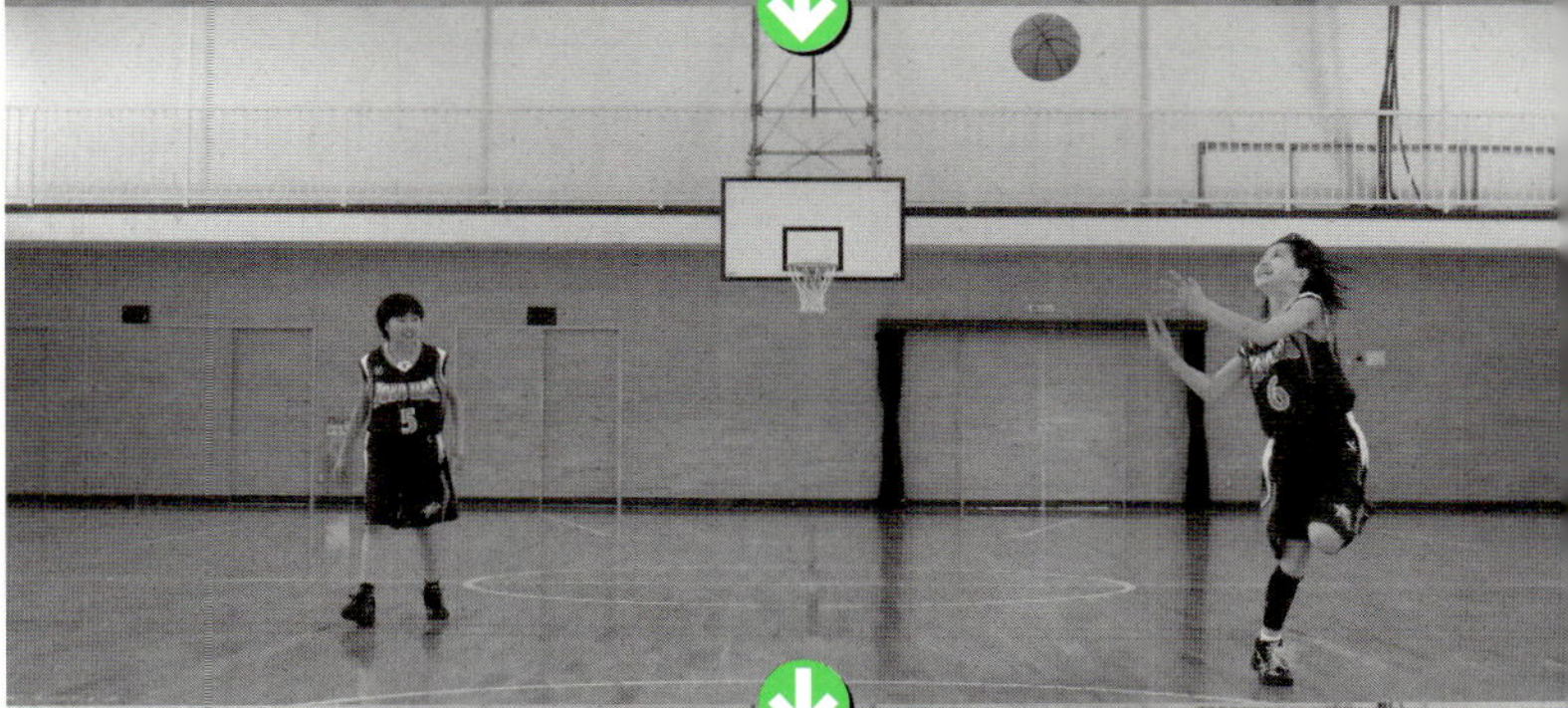

パスをキャッチした後、レイアップシュートに持ちこんでみましょう

対面のツーボールパス

2つのボールを使ってパスとキャッチを練習

試合はもちろん、1つのボールを使って行われますが、2つのボールを使って行える、よいパス練習があります。それが「ツーボールパス」です。

2人の選手がそれぞれボールを持ち、同時にパスを出します。1人（写真左）がプッシュパスやチェストパスで空中のパスを出すと同時に、もう1人（写真右）がバウンドパスを出します。

パスを出したら、すぐさまボールをキャッチできる姿勢をとらなくてはなりません。このような練習を通じてパスとキャッチ、2つを瞬時に行えるようになってください。

アレンジ

ツーボールのプッシュパスにも挑戦!

短い距離でできるようになったら、パスの距離を少しずつのばしてみましょう。また、ツーボールのプッシュパスの練習もあります。2人がボールを持ち、お互いが同じ手からプッシュパスを出すのです。決めた時間または、決めた回数を行った後、パスを出す手を変えてくり返しましょう。

2人が1つずつボールを持ち、3メートルくらい離れます

1人（左）がプッシュパスを、もう1人（右）がバウンドパスを同時に出します

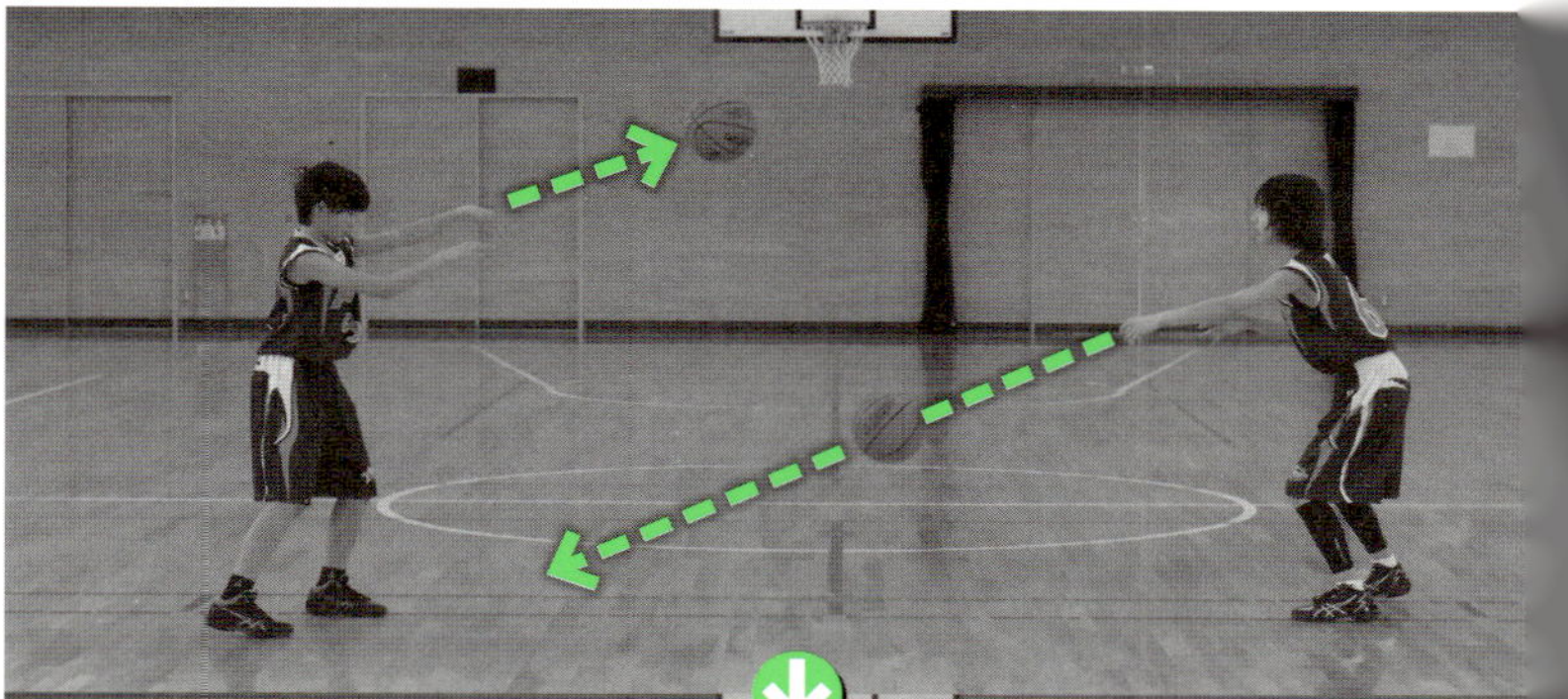

パスを出したらすぐさまキャッチのかまえをとります

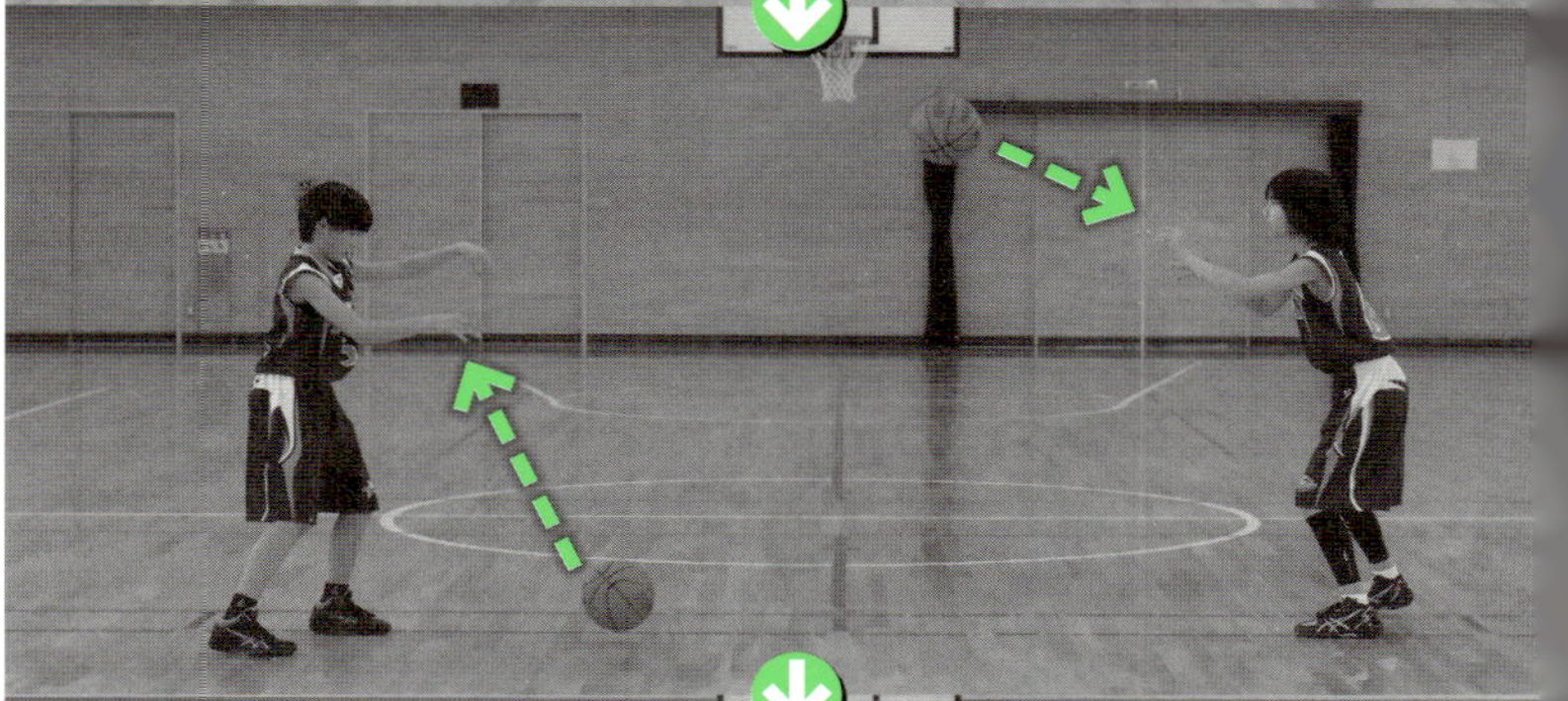

確実にパスをキャッチします

決めた時間または、決めた回数を行った後、パスの種類を交換してくり返します

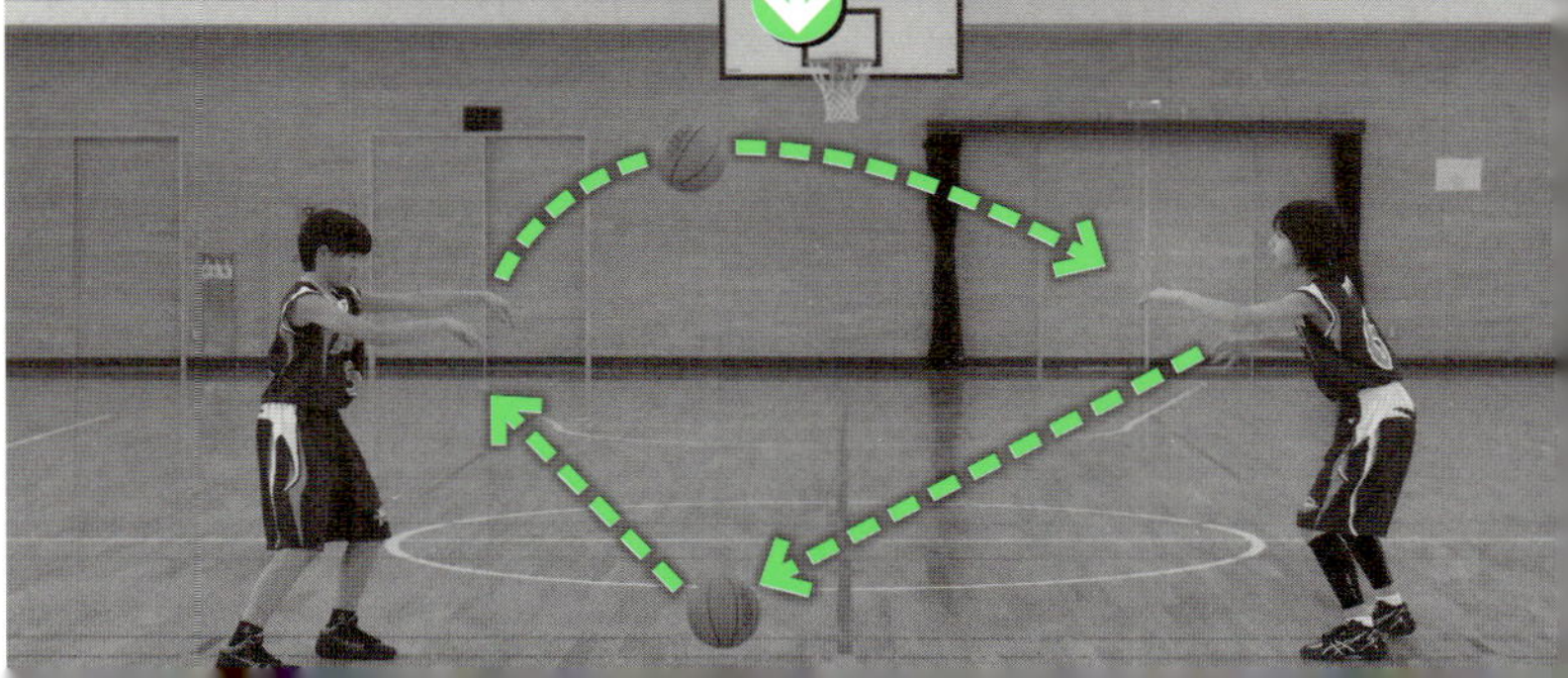

走りながらのツーボールパス

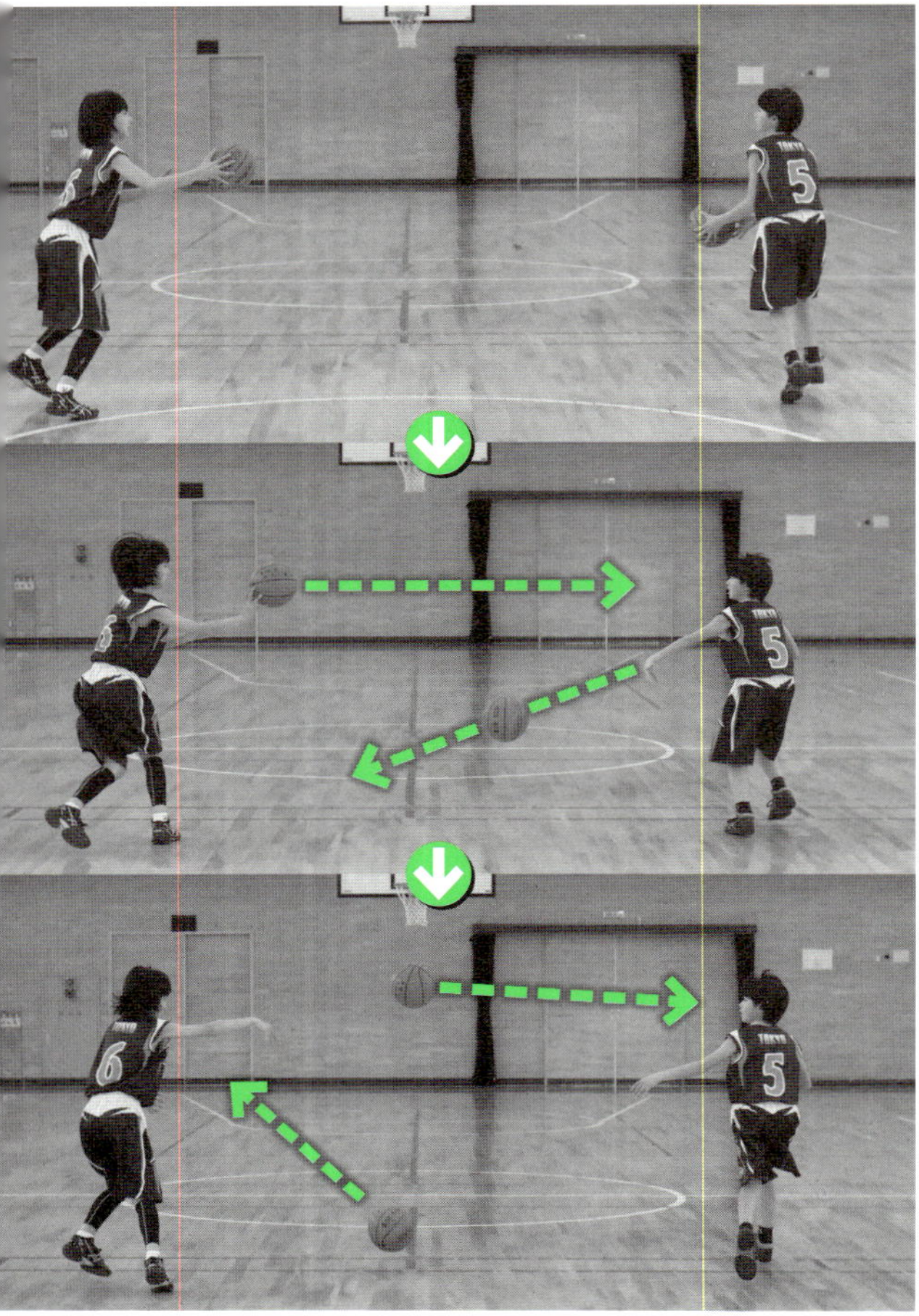

２人がそれぞれボールを持ち、ベースラインから開始します

すぐにキャッチできるかまえをとります

自分のボールだけでなく、相手が出したボールも見ます

走りながらのパスとツーボールパスを合体

ランニングパス（118ページ）とツーボールパス（126ページ）を合体させた練習が「走りながらのツーボールパス」です。２人が走りながら、２つのボールでパス交換します。

その時に１人がチェストパス、もう１人がバウンドパスを同時に出します。それぞれのパスが同時に相手にとどくことによって、リズミカルにパス交換をすることができます。決めた時間、回数を行った後、パスの種類を交換します。

すぐにキャッチできるかまえをとり、キャッチします

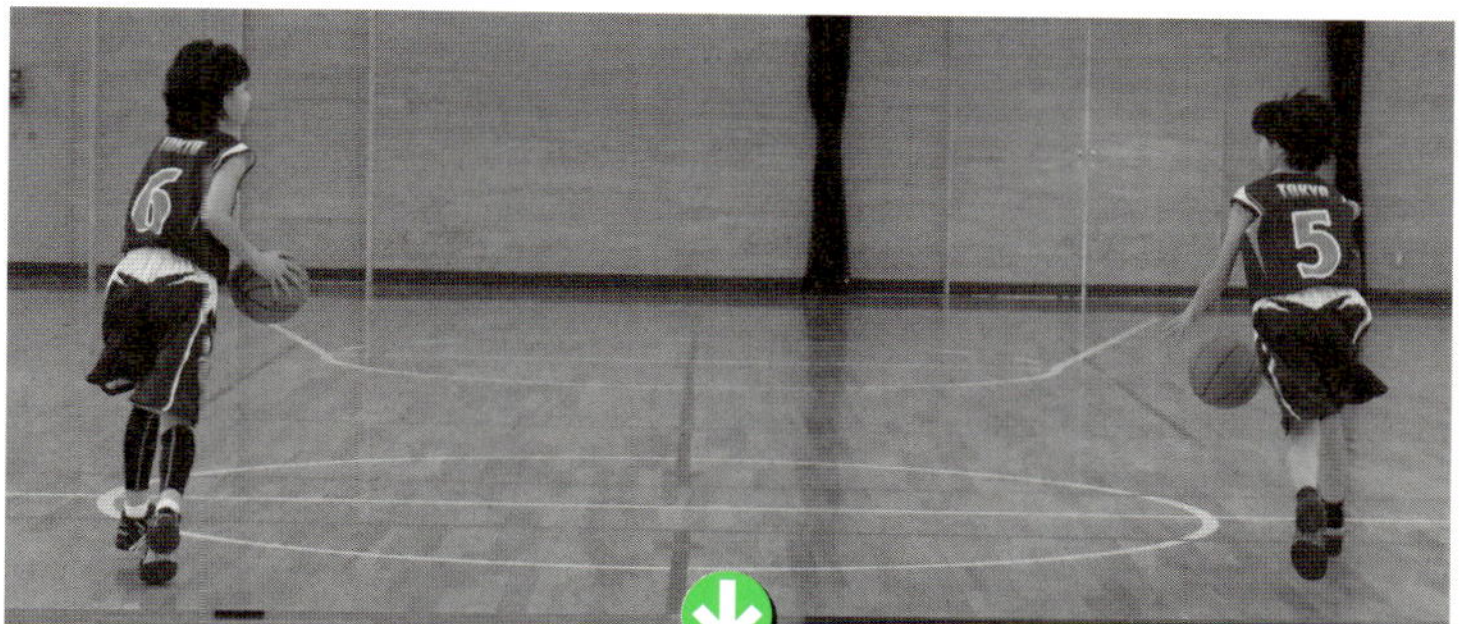

パスを出すタイミングをおたがいがはかります

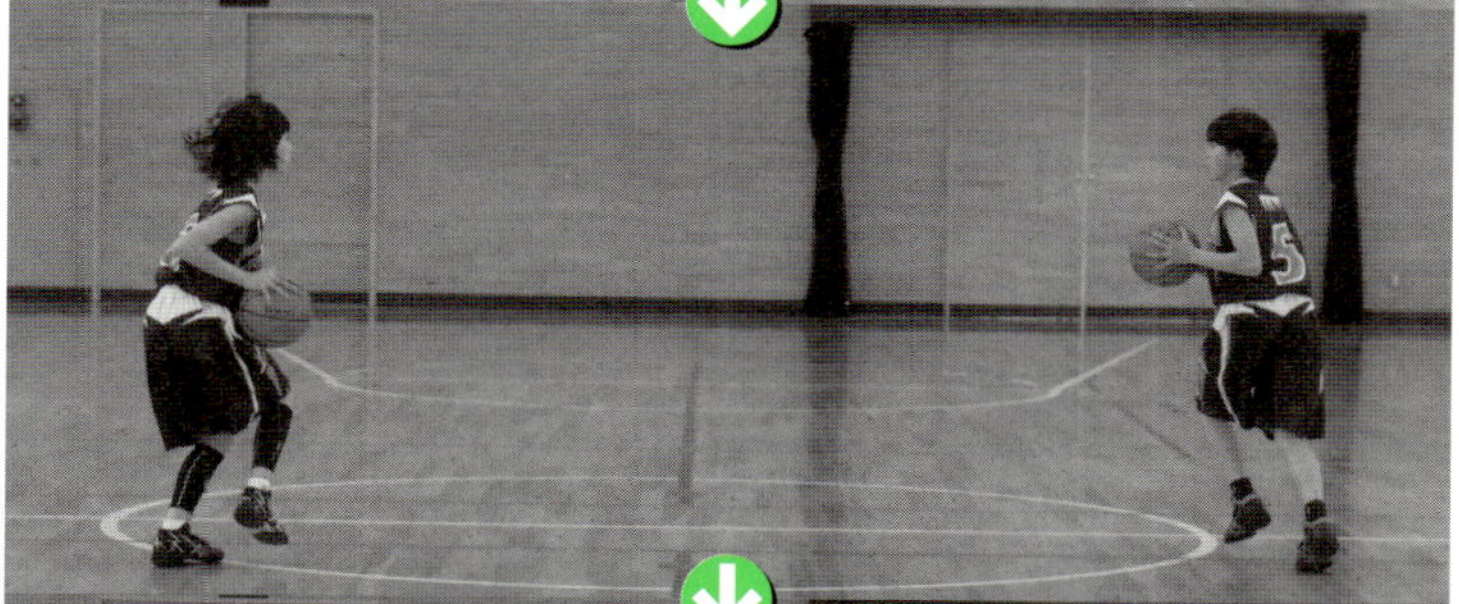

決めた時間または、決めた回数を行った後、パスの種類を交換してくり返します

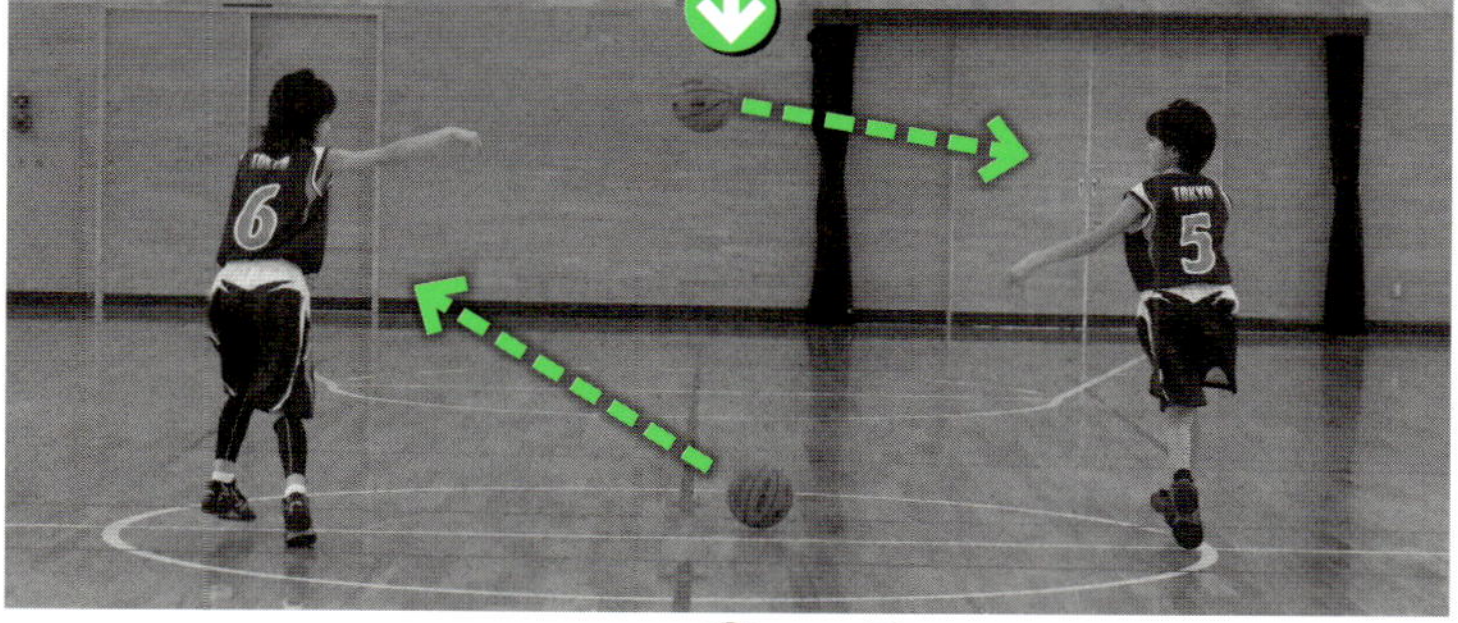

チェック

声や目でおたがいのタイミングを合わせる

2人が同時にパスを出すためには、おたがいがタイミングを合わせなければなりません。そのためには「ハイ」という声を出し合うことが大切です。またはおたがいが目を合わせて、タイミングを合わせることもできます。このように目で合図を送り合うことを「アイコンタクト」と言います。

わるい

2人のタイミングが合わないと、同時にバウンドパスを出すようなミスをしてしまいます

ボール投げあげキャッチ

2人がそれぞれボールを持ち、3メートルくらい離れます

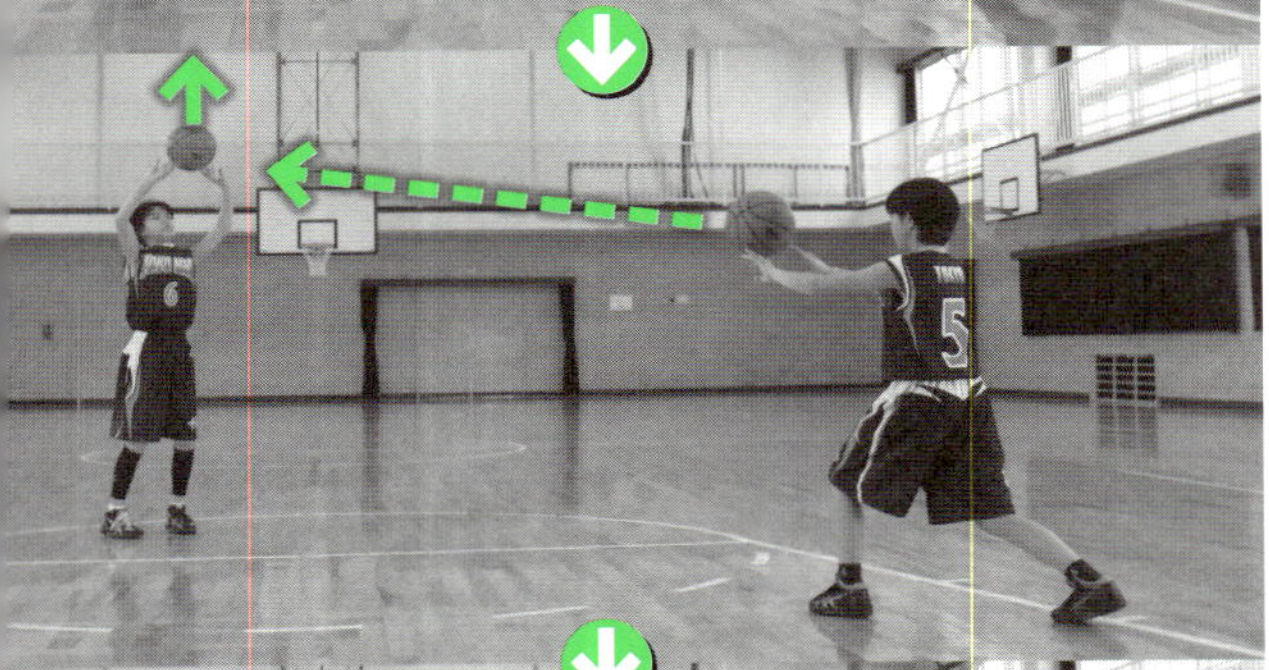

1人（左）がボールを投げあげたら、もう1人（右）がパスを出します

投げあげたボールが空中にある間に、パスをキャッチします

自分のボールを投げあげて相手とパス交換する

自分が持つボールを投げあげ、パートナーが前から出したパスをキャッチします。すぐさまそのボールをパートナーに返して、落下してくるボールをキャッチする練習です。

ボールをどのくらいの高さまで投げあげると、パートナーとのパス交換がスムーズにいくか考えること。投げあげるボールが低すぎればパス交換が難しくなります。逆に高すぎると落下するボールを

ボールが落下する前に、パスを返します

落下してくるボールを見ます

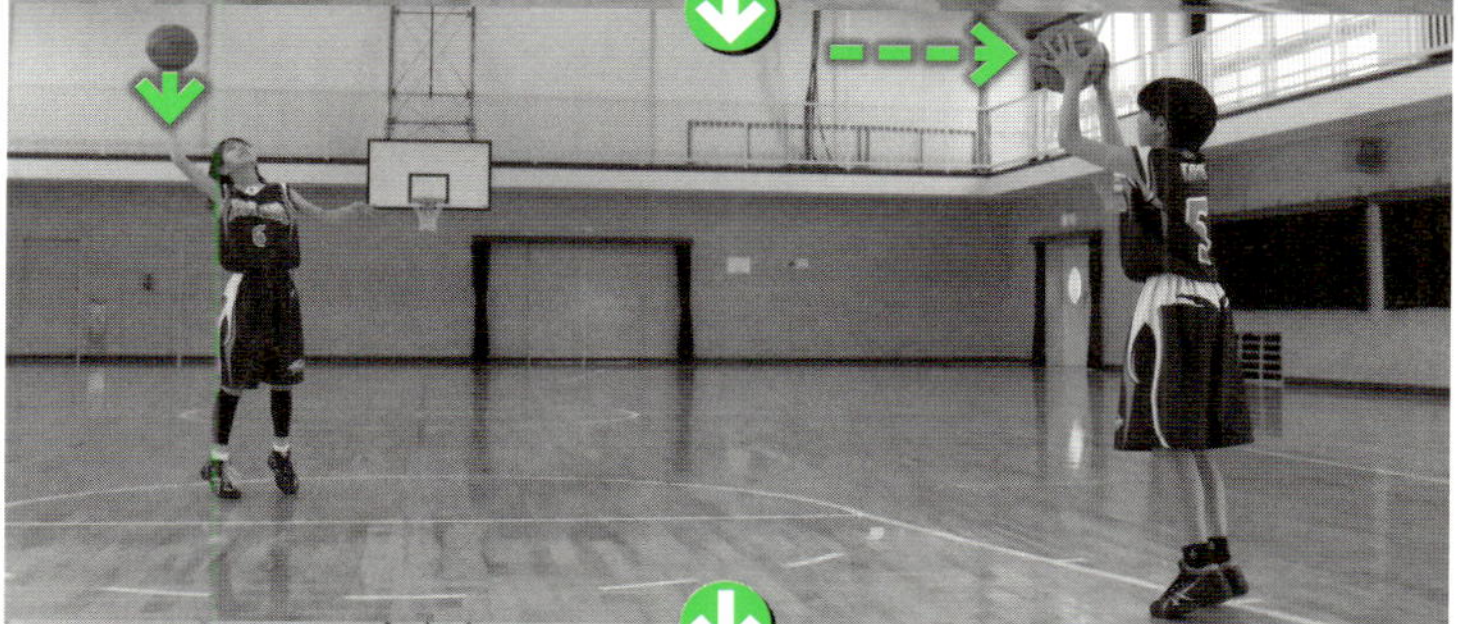

落下してくるボールをキャッチし、役割を交代してくり返します

キャッチするのが難しくなる場合があるので注意してください。

そして2つのボールの位置を同時に、はあくすることもこの練習では大切です。

アレンジ

練習をくふうして行う

パートナーからのパスをキャッチして一度ボールをフロアについてからパスを返す練習方法があります。また、腰や両足のあたりでボールをまわしてパスを返す練習にもトライしてみましょう。このように練習を難しくすることによって、いろいろな能力をあげることができます。

ボールあてゲーム

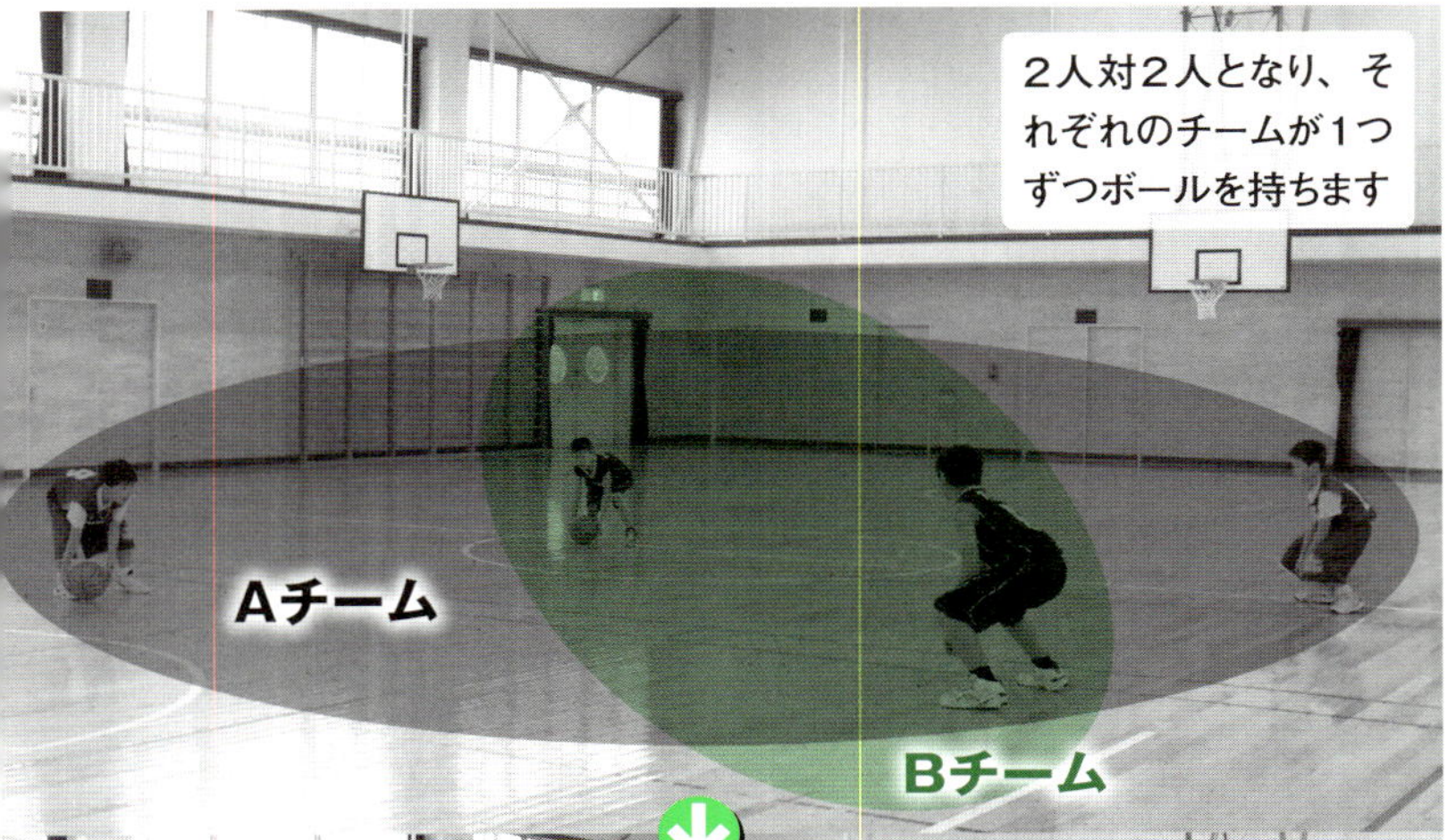

2人対2人となり、それぞれのチームが1つずつボールを持ちます
Aチーム
Bチーム

Aチームがボールをころがして、対角にいるなかまにパスしようとします

2チームにわかれてボールを命中させる遊び

遊びのようなパス練習で、2人対2人の4人で行います。1つのチームが動かすボールに対して、もう1つのチームがボールを命中させます。

「今、ボールを投げれば、あたるはずだ」と、ボールの動きと、投げるタイミングを考えることが大事です。ボールをころがすチームは、相手チームにボールをあてられないように、すばやくボールをころがしましょう。

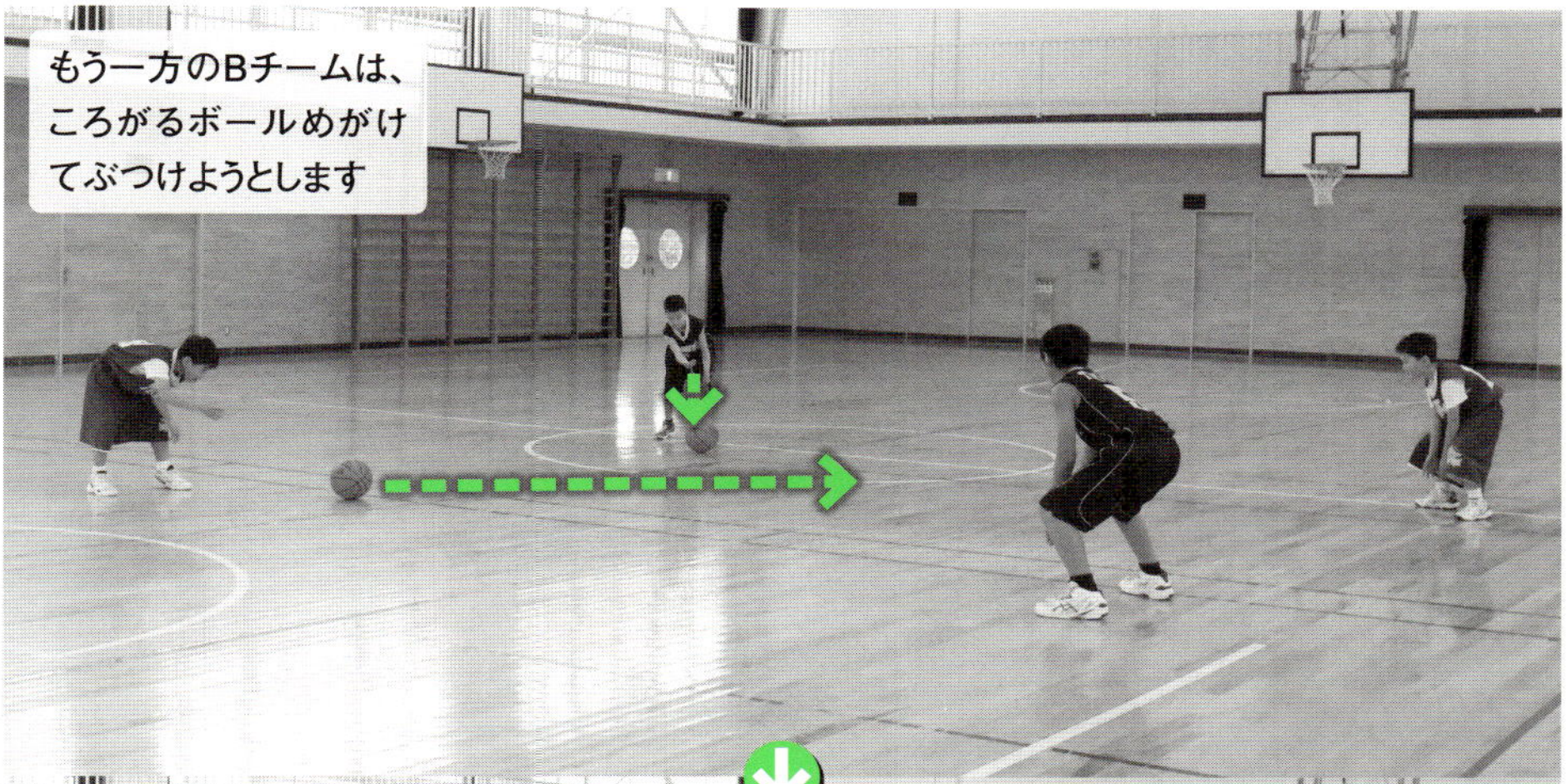
もう一方のBチームは、
ころがるボールめがけ
てぶつけようとします

ボールがあたらなかった
のでAチームの勝ちです

ポイント

距離を長くしたり、短くしたりする

時間や本数などを決めて行ってみてください。また、2人の距離を長くしたり、短くしたりすることによって、どちらかのチームにとって難しい練習にすることができます。おたがいの距離が長くなれば、命中させるのが難しくなります。逆におたがいの距離が短いと、命中させるのが簡単になるはずです。

あたり

シュートにボールあてゲーム

選手Ⓐがゴール正面からシュートをねらい、選手Ⓑも横でボールを持ってかまえます

選手Ⓐがシュートを打ちます

選手Ⓑは、シュートされたボール目がけてボールを投げます

シュートにボールをぶつけて入れさせない

「ボールあてゲーム」（132ページ）と同じ方法で、今度はシュートされたボールに、もう一方の選手がボールを命中させます。つまり、シュートにボールをぶつけて入れさせないわけです。

シュートのボールが低いアーチ（弧）だと、シュートが入りにくいだけでなく、相手にボールをぶつけられる可能性が高くなります。

そこで高いアーチを心がけ、ゴールの真上からシュートが入るように打ってみましょう。

ボールが命中したので、選手Ⓑの勝ちとなります

アレンジ

シュートの距離や打つ場所を変えてみよう

シュートの距離や打つ場所を変えることによってシュート練習をかねることができます。とくにシュートの距離を長くすることによって、シュートを決めるのも、ボールをあてるのも難しくなり、練習がもり上がるはずです。慣れてきたらシュートフェイクを入れてみましょう。

選手Ⓑのボールが命中せず、シュートが入れば選手Ⓐの勝ちです

TOKYO
5

第5章

足の使い方をおぼえよう!

軸足と自由に動かせる足

ミスせずプレーするために

ミニバスケットボールがうまくなるのに大切なのは、ボールを手であつかうテクニックだけではありません。足の使い方もとても大事です。コートを走るだけではなく、しっかりと止まれる足の使い方も必要なのです。

さらにボールを持ったまま、3歩以上歩くと「トラベリング」という反則となり（196ページ）、相手ボールになってしまいます。そこでミスすることなくプレーするためにおぼえてほしいのが「ステップワーク」です。

第5章 足の使い方をおぼえよう！

ステップをふむ

自由に動かせる足
フロア（床）から離して自由に動かせる足

軸足
フロア（床）につけて離さない足

✓ チェック

けが防止のためにも正しいステップワークをおぼえる

これから紹介するステップワークは、けがをしないためにも、おぼえる必要があります。体のバランスがくずれるようなステップワークだと、けがにつながってしまうのです。体が安定するようなステップワークをおぼえて、安全にプレーしましょう。

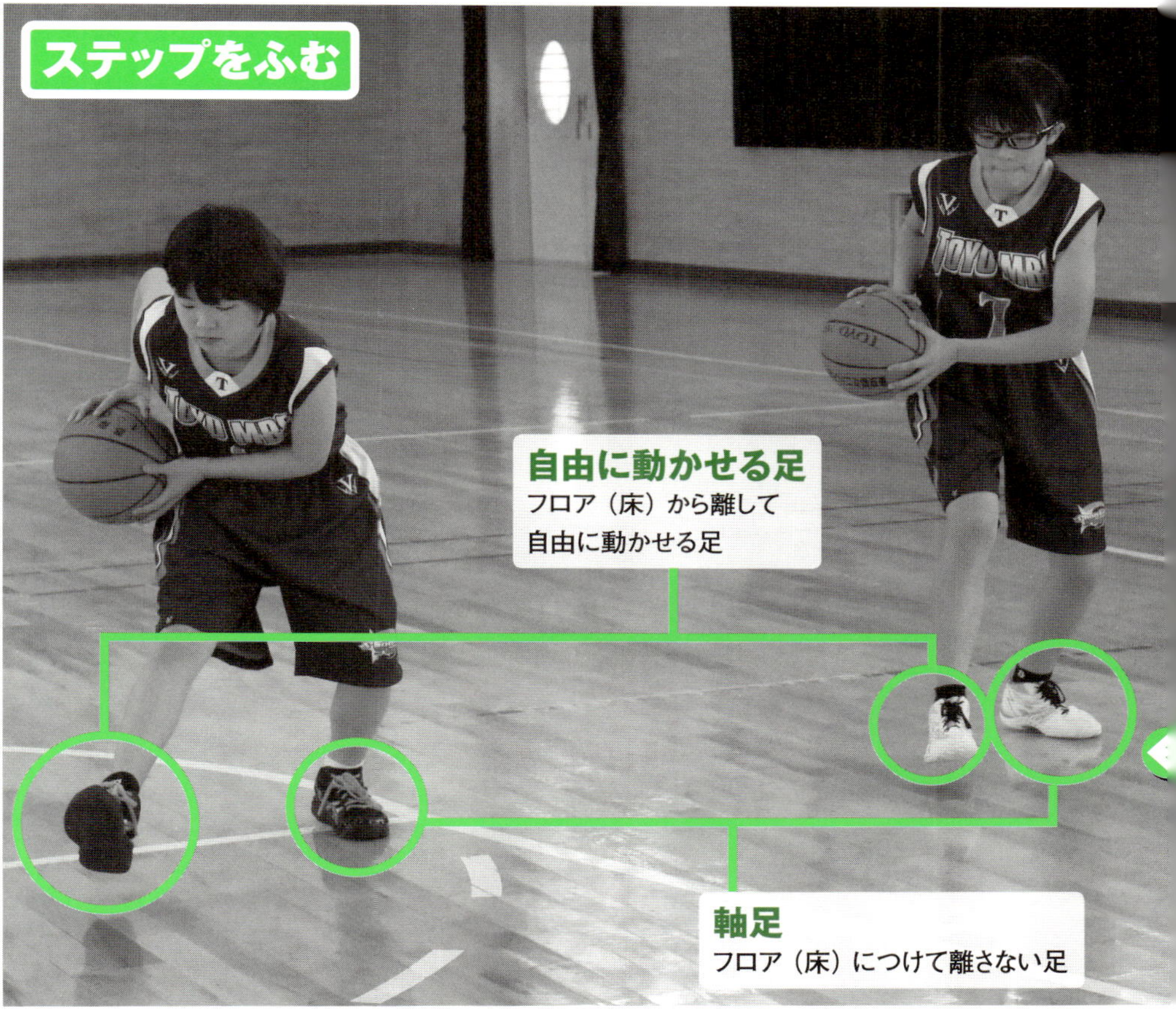

左右の足のうち、フロア（床）につけて離さない足を「軸足（ピボットフット）」と言います。もし左足が軸足となった場合、右足が「自由に動かせる足（フリーフット）」となります。逆に右足が軸足であれば、左足のみ自由に動かせるということです。

この章では、ステップワークについてくわしく説明していきます。

ジャンプストップ

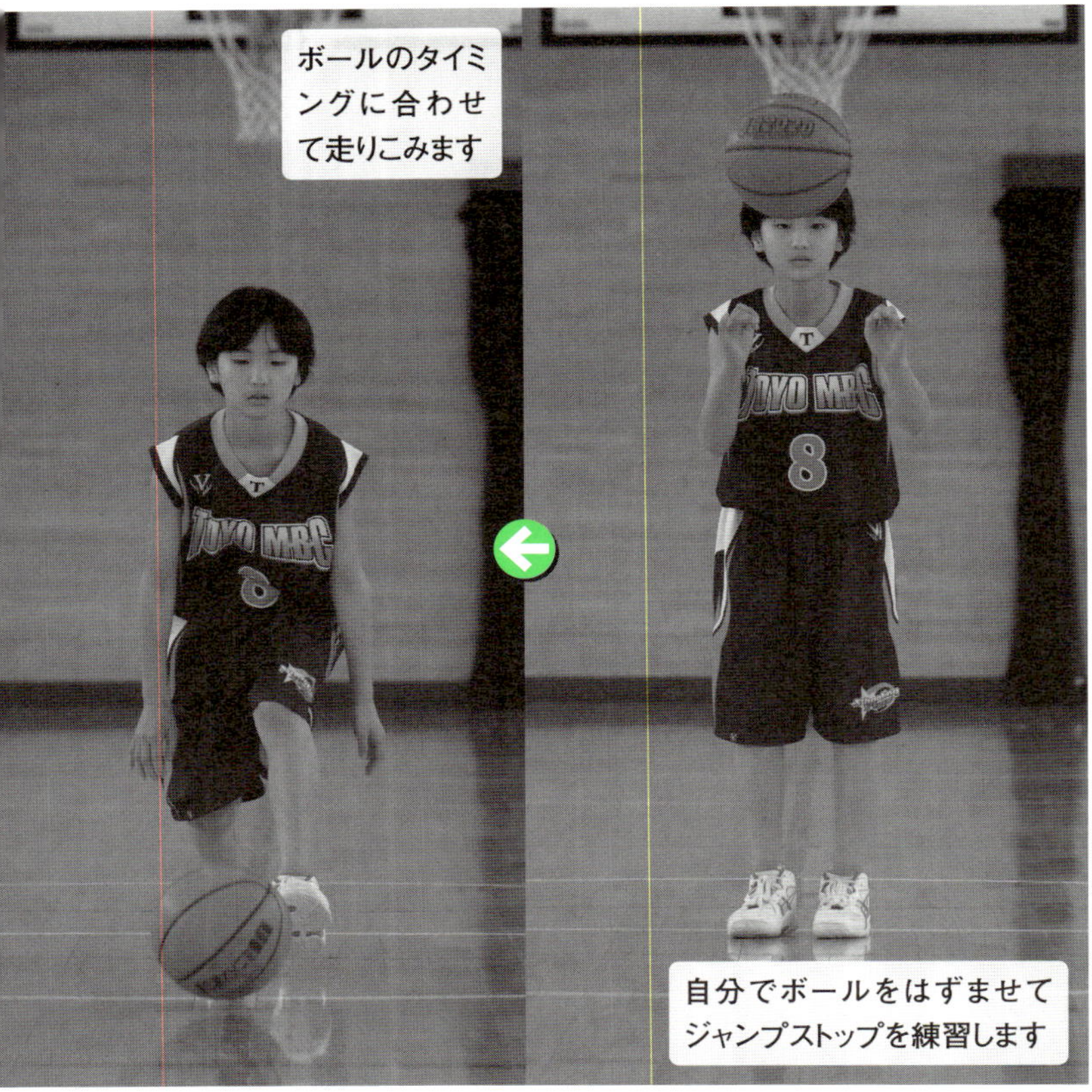
ボールのタイミングに合わせて走りこみます
自分でボールをはずませてジャンプストップを練習します

両足同時に着地する

足をうまく使えるようにまずは、走った状態からの「止まり方」をおぼえましょう。走るスピードをコントロールしながら、瞬時に止まれることもバスケットボールでは大切です。たとえばパスを受けてシュートに持ちこむプレーなどです。その時、両足同時に着地して止まることを「ジャンプストップ」と言います。

このジャンプストップの場合、両足同時に着地した後、軸足を左右どちらにするか自由に決めることができます。つまり、ジャンプストップした後、最初にふみ出した足が自由に動かせる足、フロアについている足が軸足となるわけです。

両足同時に着地
して止まります

ジャンプしな
がらボールを
キャッチします

ジャンプストップし
てからシュートを
打ってみましょう

アレンジ

バランスがくずれないように注意

ジャンプストップで止まった瞬間、体が左右前後に傾いているといいプレーにつながりません。体のバランスを意識して、止まるように心がけましょう。もしゴールが使えるのであれば、数回ジャンプストップを練習した後、そのままシュートを打ってみましょう。バランスのよい止まり方ができていないと、よいシュートが打てないはずです。また、「キュッ!」と音が出るようにすばやく止まる「クイックストップ」もあります。

ストライドストップ

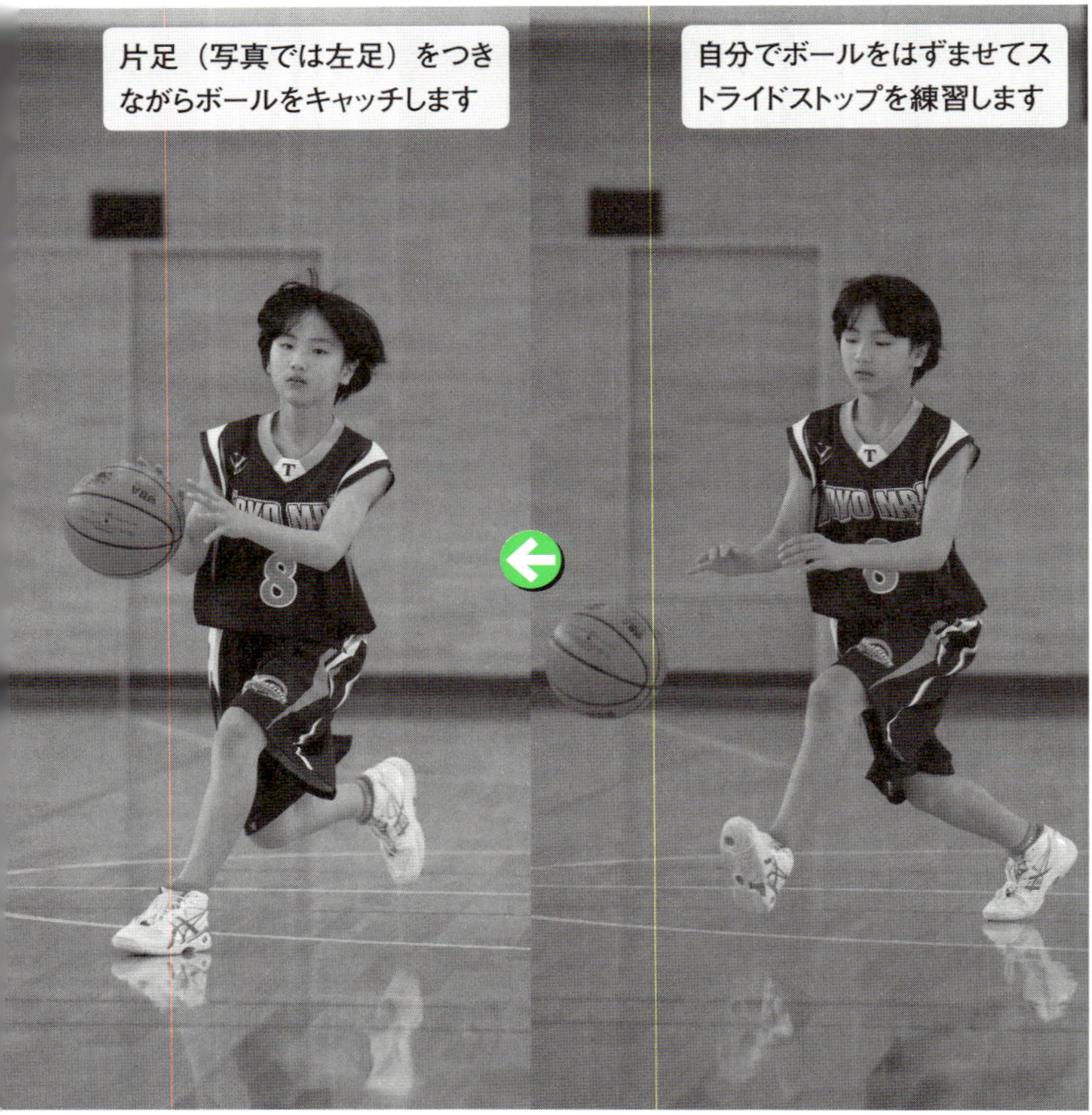
片足（写真では左足）をつきながらボールをキャッチします
自分でボールをはずませてストライドストップを練習します

大きく速く走ってきてすぐに1、2のリズムで止まる

両足同時に着地せず、左右の足を交互に、1、2のリズムで止まることもできます。これを「ストライドストップ」と言います。とくに大きく速く走ってきてすぐに止まりたい時には、このストライドストップが安全です。

左足、右足の順で足を着地させたら次に、右足、左足の順で着地させてみましょう。両方のストライドストップができるようになってください。

いずれにしても、ストライドストップの場合、ボールを持ってから最初に着地した足が軸足になり、もう一方の足が自由に動かせる足になります。

左足、右足の順で足を着地
させてしっかりと止まります

もう一方の足（右足）も
同じ方向に向くようにします
軸足
自由に動かせる足

右を軸足とする
ストライドストッ
プもしっかりと
練習しましょう
自由に
動かせる
足
軸足

ポイント

相手がまもりづらくなるように

右ききの選手の多くは、左足、右足の順で足を着地させるストライドストップを得意とする傾向が見られます。でも逆足、すなわち右足、左足の順に着地させるストライドストップもおぼえてください。それによって相手はプレーをよめなくなり、まもりづらくなります。

ピボット

体をまわしてボールをかくすようにしてかまえます
③
フロントターン
（前回り）
トリプルスレットでかまえます
軸足である左足を離さないようしながら、右足を左に持っていき体の向きを変えます
②
③
リバースターン
（後ろ回り）

軸足を離さず体の向きを変える

ジャンプストップの場合、最初にふみ出した足が自由に動かせる足になり、もう一方の足が軸足になります（140ページ）。ストライドストップの場合、最初に着地した足が軸足になり、もう一方の足が自由に動かせる足になります（142ページ）。

それらをふまえ、軸足をフロアにつけたまま、もう一方の足を自由に動かしてみましょう。右ｰ左ｰ後ろと3カ所に動かして体の向きを変えるテクニックは「ピボット」とも呼ばれています。

ここでは左足を軸足として、右足を自由に動かしていますが、逆足でも行ってみてください。右足を軸足として、左足を自由に動かすということです。その際に、左足にはあまり重心をかけず、頭が上下動しないように低い姿勢をたもつように心がけましょう。

ひじはしっかりと張りましょう
軸足である左足をフロアから離さず、右足を右にふみ出します
①
自由に動かせる足を大きく引きます

アレンジ

2パターンのステップワークをおぼえる

③の動き、すなわち自由に動かせる足を逆側に持っていっている状態からの動きには2パターンあります。体をまわす方法（上）と、自由に動かせる足を大きく引く方法（下）です。両方できるように練習しましょう。

ワイパー

相手の手が上なのでボールを下で動かす

相手が上からボールをさわろうとします

ボールを下から動かしながらまもります

自由に動かせる足（右足）をふみこみます

ピボットをふみながら相手と逆にボールを動かす

　前ページで紹介した「ピボット」が試合でどういかされるか、相手をつけて練習するとよくわかります。ボールをさわろうとする相手に対して、ピボットをふみながら、相手の手と逆にボールを動かすようにします。

　相手の手が下にあるなら、ボールを上から動かします。逆に相手の手が上にあるなら、ボールを下から動かします。この時のボールの動きが自動車の「ワイパー」に似て

相手の手が下なのでボールを上で動かす

相手が下からボールをさわろうとします

ボールを上から動かしながらまもります

自由に動かせる足（右足）をふみこみます

いるところから、この練習を「ワイパー」と呼んでいます。

ボールをさわったら役割を交代したり、時間を決めるなどして行ってみてください。

ポイント

軸足がずれないように

相手にボールをさわられないためには、ボールをすばやく動かさなくてはなりません。ただしその上半身の動きばかり気にすると、ピボットがおろそかになってしまいます。ボールを動かすいきおいに負けて軸足がずれると、トラベリングになってしまうので気をつけましょう（196 ページ）。

練習②

ツイスト

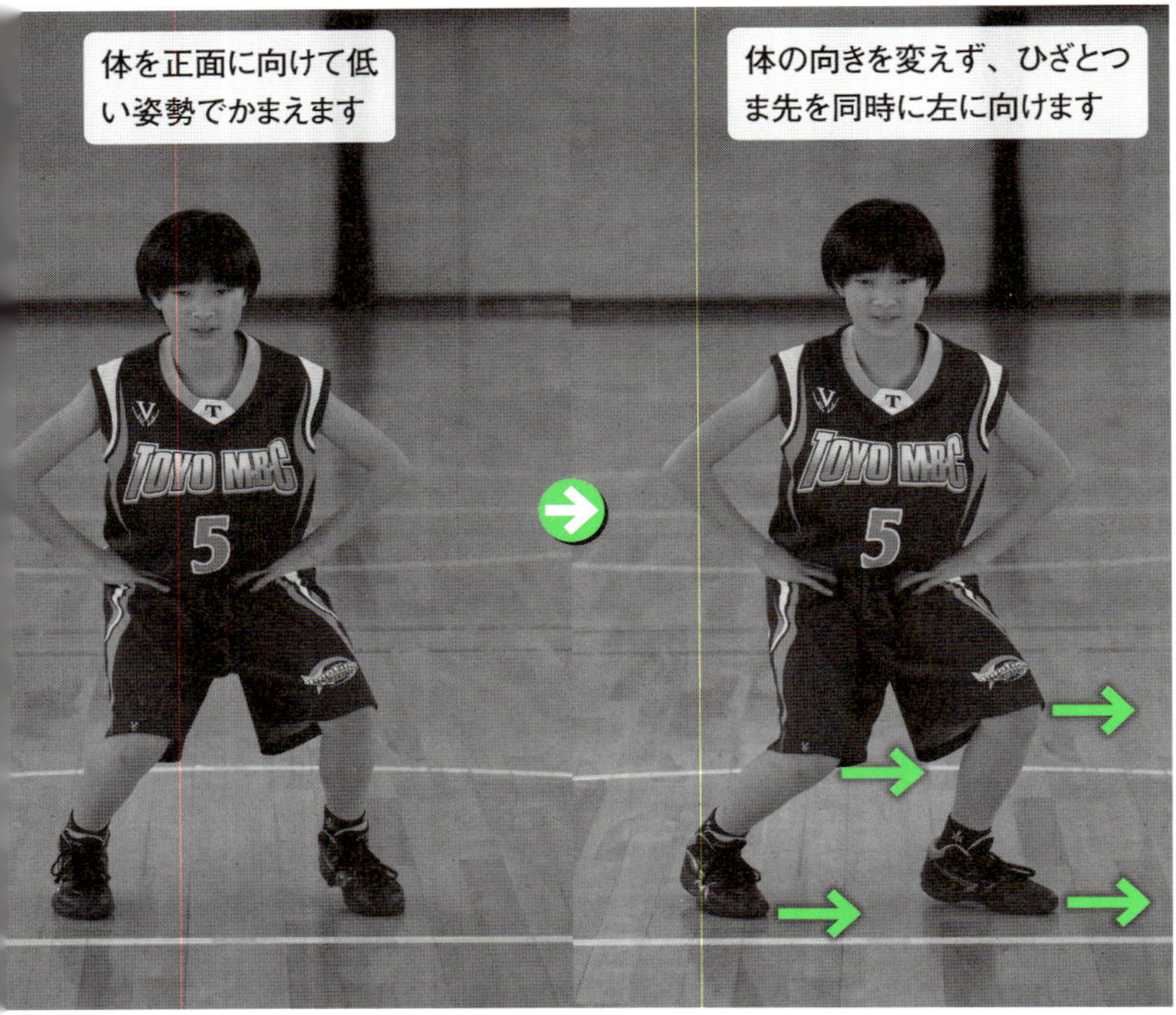
体を正面に向けて低い姿勢でかまえます
TOYO MBC
5
体の向きを変えず、ひざとつま先を同時に左に向けます
TOYO MBC
5

ひざとつま先を同じ方向にすることでけがをしない

バスケットボールは、激しい動きのスポーツです。しかもそこには相手がいて、次の動きをどうするかすぐに決めなければならないだけに、よけいな力が体にかかる場合があります。その時に基本にそくした動きができないと、けがにつながるので注意しなくてはなりません。

とくに多いのが足首とひざのけがです。それらが違う方向に向いてしまうことで、どちらかに大きな力がかかってしまうわけです。

そこでみなさんに習慣にしてほしいのは、「ひざとつま先を同じ方向に向ける」ということです。体を正面に向けた状態のまま、左右に体をひねってみましょう。その時にひざとつま先を同じ方向に向けるようにしてみてください。

ポイント

足の「拇《ぼ》指《し》球《きゅう》」を使う

ピボットをふみながら、つま先とひざの向きを変える時に意識してほしいことがあります。それは足の「拇指球」をうまく使うことです。「拇指球」とは、足の親指のつけ根あたりにある、丸くてかたいところです。この部位がフロアから離れないように重心をのせ、足をクルクルと動かして、つま先とひざの向きを同時に変えるわけです。

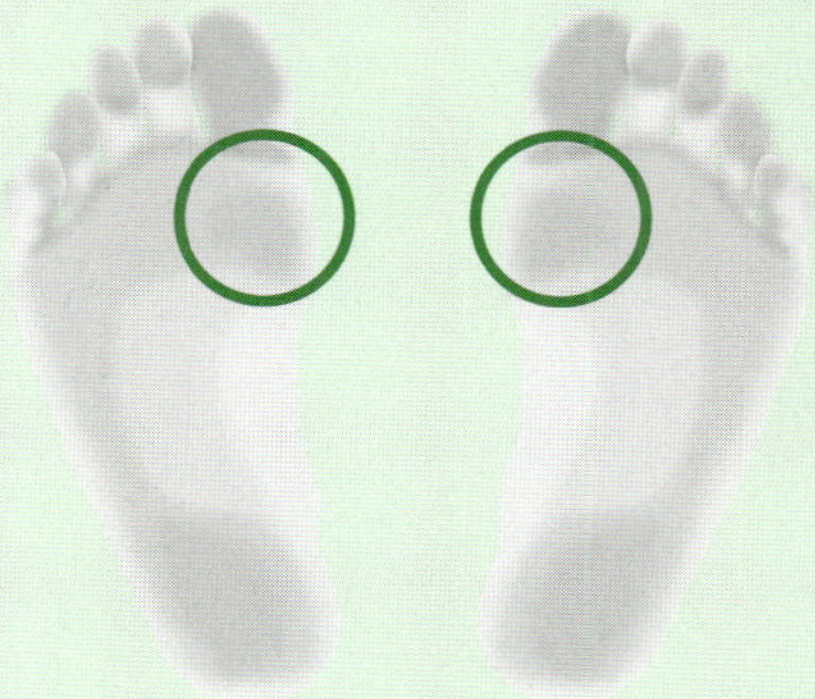

拇指球

足の親指のつけ根あたりにある、丸くてかたいところ

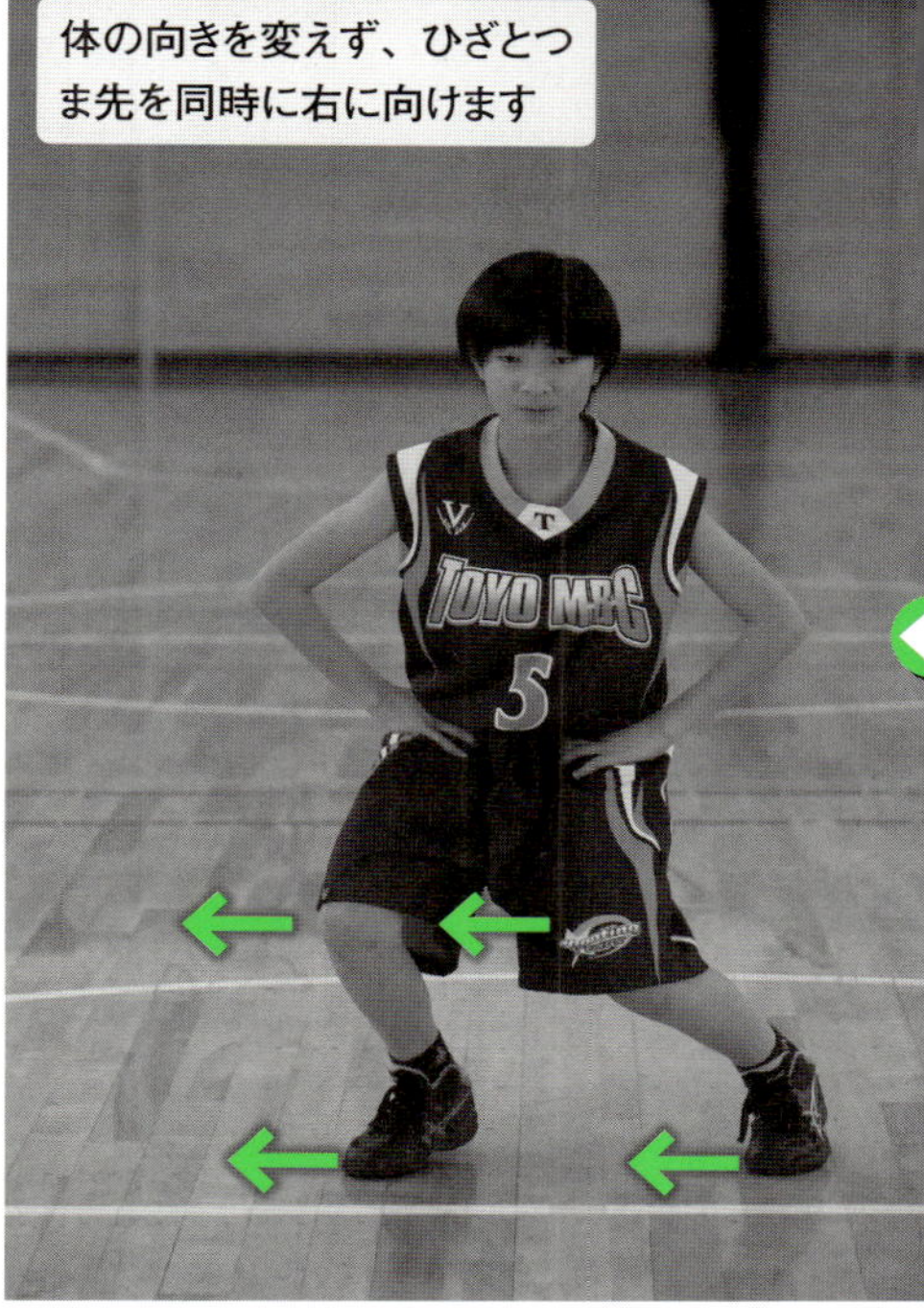

体の向きを変えず、ひざとつま先を同時に右に向けます

わるい ×

体の向きを変えると、「ツイスト」の練習効果があがらないので気をつけましょう

ピボットダンス

つま先とひざを同じ方向に向けてふみ出す

前のページで紹介した「ツイスト」と同じように、両足のつま先とひざを同じ方向に向ける練習です。拇指球を使うことを意識して両足のつま先とひざを同じ方向に向けながら、一歩をふみ出します。そうして逆足も同じように動かし、基本姿勢をとってみてください。

ボールを持って練習すると、ボールの持ち方や動かし方も同時におぼえることができます。ただし試合でこのような動きをボールを持って行うには、ドリブルをつかなければなりません。そこで152ページでは実際にボールをつく練習を紹介します。

トリプルスレットのかまえをとります
幅がせまくならないように注意

トリプルスレットのかまえにもどります

ポイント

毎日少しずつでも行うように

このような基本練習は、すぐにおぼえられるだけに、くり返さないものです。しかし少しずつでも行っておかないと、両足のつま先とひざを同じ方向に向けるという大事なことを忘れてしまうもの。それがけがの要因になりやすいだけに、この練習を大事にして、毎日少しずつでも行うようにしてください。

両足のつま先とひざ
を右側に向けます

体を正面に向けるとともに、両足の
つま先とひざも正面に向けます

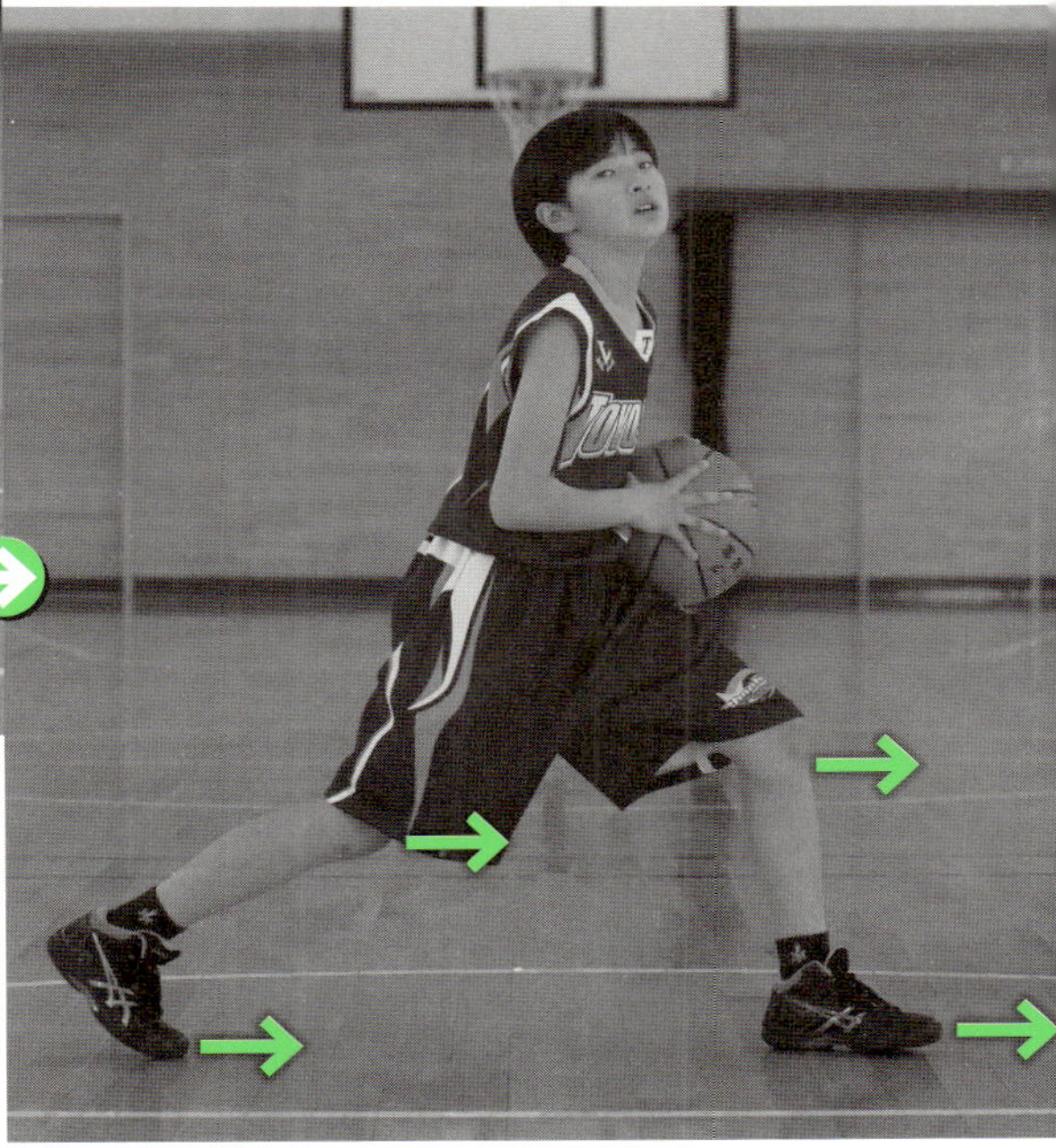

両足のつま先とひざ
を左側に向けます

ボールをついてピボットダンス

ドリブルの時もつま先とひざを同じ方向に向ける

前のページの「ピボットダンス」を行いながら、実際にボールをついてみましょう。足のつま先とひざを同じ方向に向けながら、ボールをつき、大きく左右に動かすということです。両足の中央にボールをついて、逆の手でボールを正確に受け止め、その動きができるようになったら、大きなステップをふめるように練習してみてください。

さらに2つのボールを使う練習にもトライしてみましょう。2つのボールをコントロールしながらでも、足のつま先とひざを同じ方向に向けることを忘れないように心がけてください。

1つのボールをつく

ボールを1つ持ってトリプルスレットのかまえをとります

2つのボールをつく

2つのボールを持って正面を向きます

チェック

ボールをかかえないでもできるように

2つのボールで練習を始めた時、最初はボールをかかえても大丈夫です。つま先とひざを同じ方向に向けることがもっとも大事な練習だからです。慣れてきたら、ボールをかかえないで、ドリブルをつづけられるようになりましょう。つまりボールの下半分をさわらず、上半分だけさわるということです。

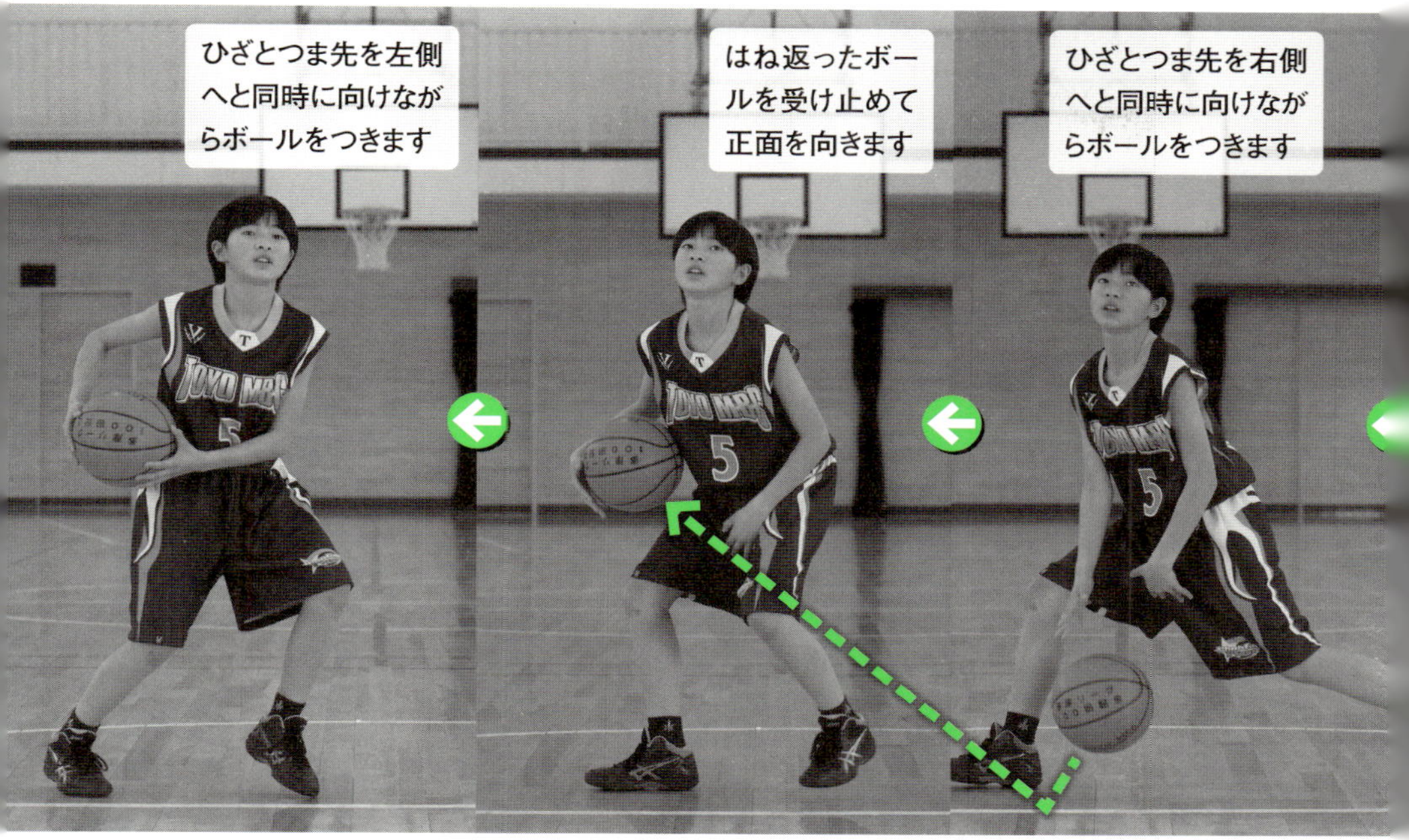
ひざとつま先を左側へと同時に向けながらボールをつきます
はね返ったボールを受け止めて正面を向きます
ひざとつま先を右側へと同時に向けながらボールをつきます

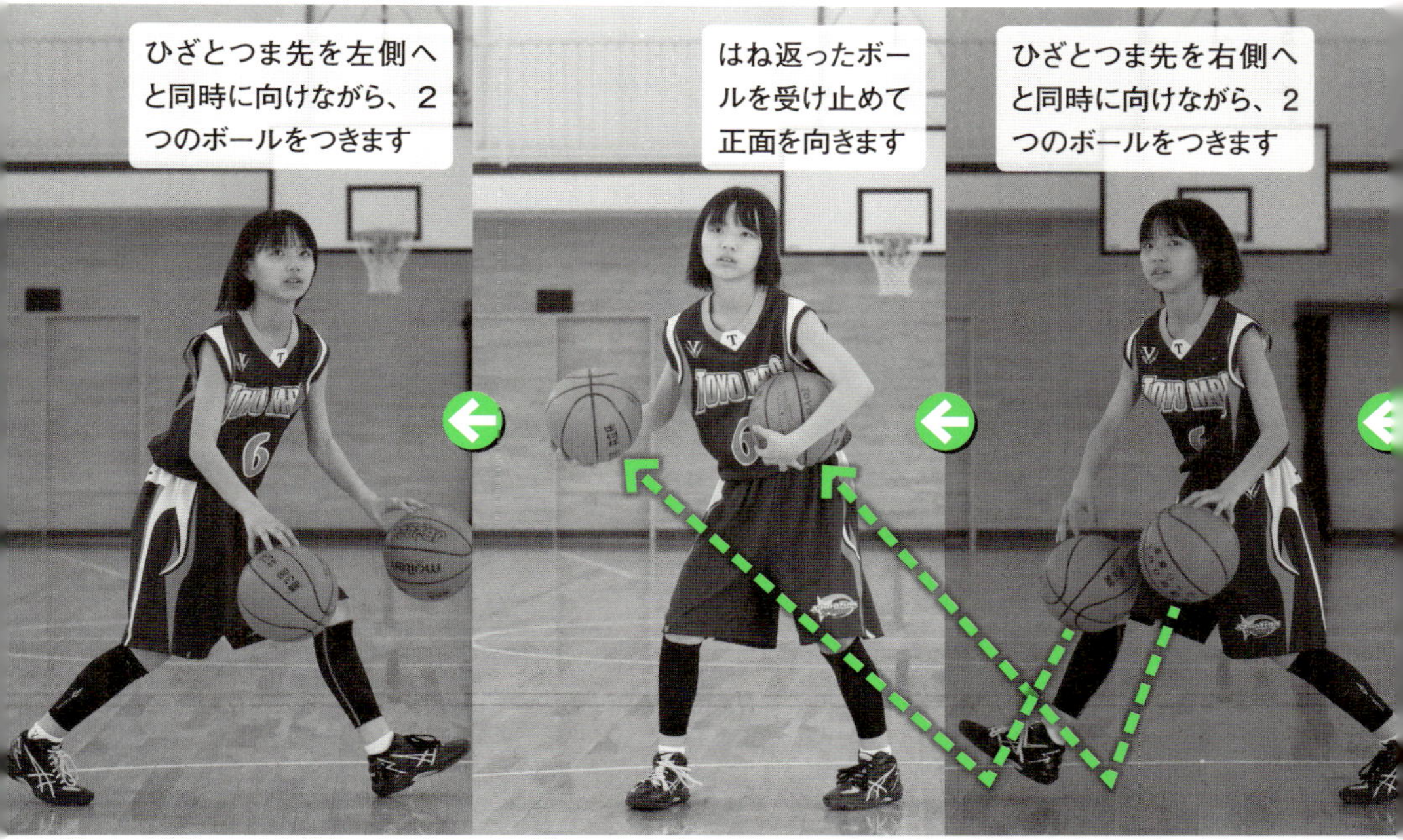
ひざとつま先を左側へと同時に向けながら、2つのボールをつきます
はね返ったボールを受け止めて正面を向きます
ひざとつま先を右側へと同時に向けながら、2つのボールをつきます

連続ジャンプ／その1

上半身を動かさず足だけを移動させる

２人１組でジャンプ力をつけながら、けがをしない体をつくる練習です。とても大事な練習ですが、注意しなければならないことがあります。それはジャンプの練習をやりすぎないようにすること。ですから毎日少しずつ行うように心がけましょう。

練習を行う時には、できるだけ上半身を動かさず、足だけを移動させるようにしてください。重心を体の中心におき、ジャンプする方向に頭が動かないように注意して、９パターンを行いましょう。

パターン1

すわる選手は両足をそろえ、ジャンプする選手は①右前—②左前—③右後ろ—④左後ろの順に、つま先でジャンプします。５往復行った後、①左前—②右前—③左後ろ—④右後ろの順にジャンプします。

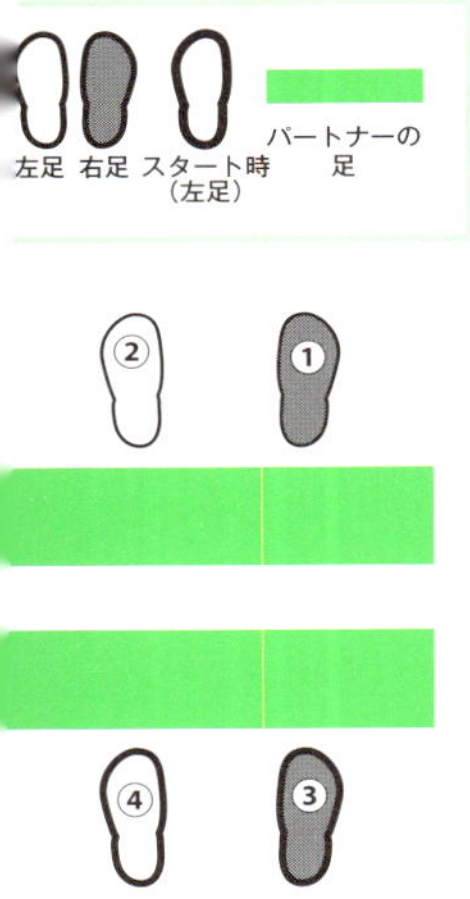

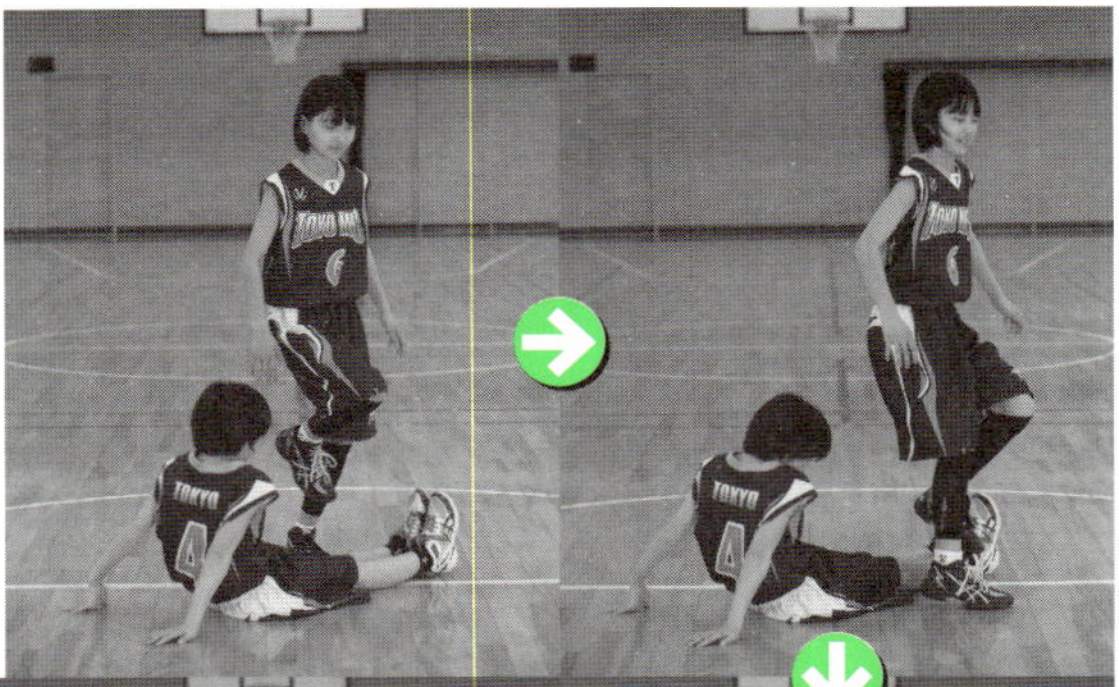

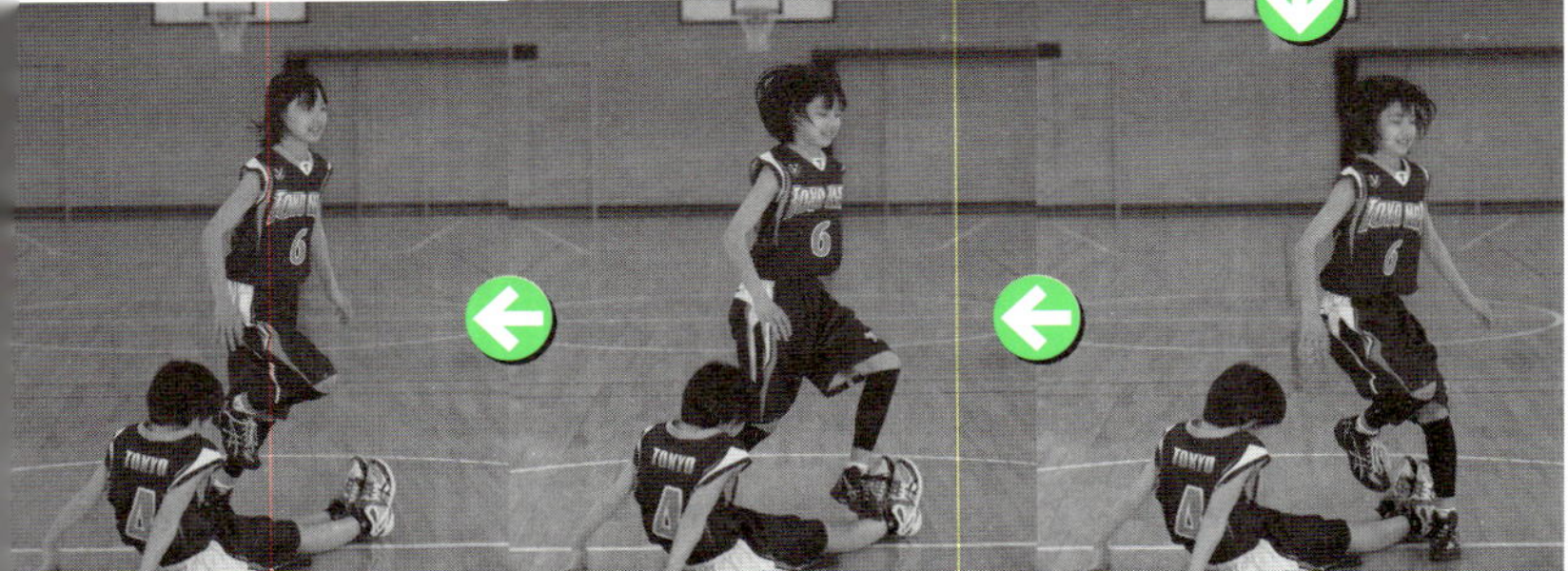

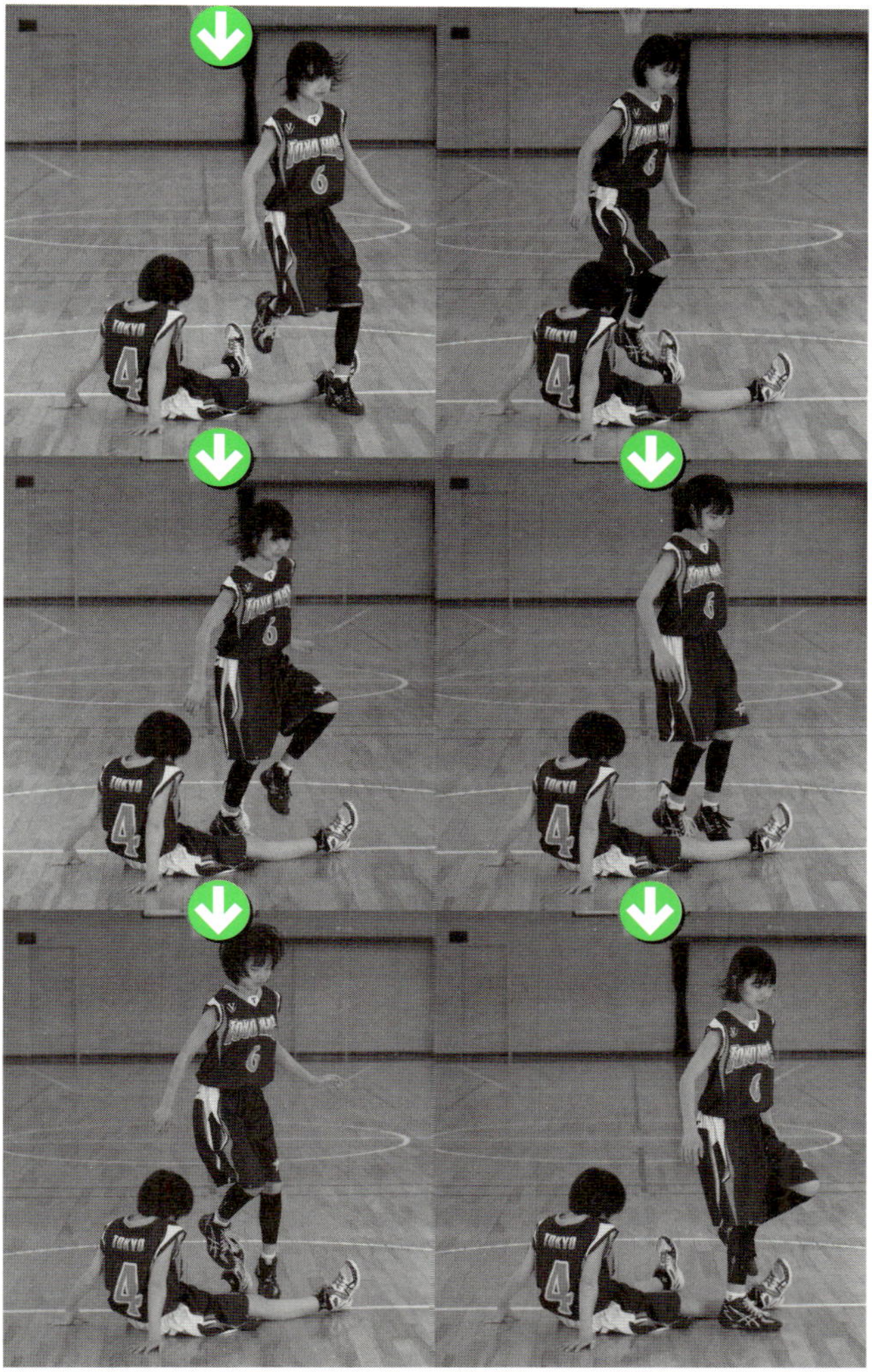

パターン2

すわる選手は両足を開き、ジャンプする選手は、図のようにジャンプします。パターン1と同じように5往復を左右行ってみてください。

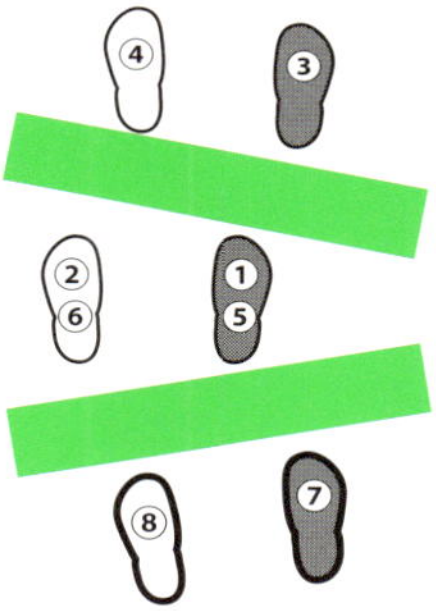

パターン3

すわる選手は両足を開き、ジャンプする選手は、図のようにジャンプします。3往復を左右行ってみてください。

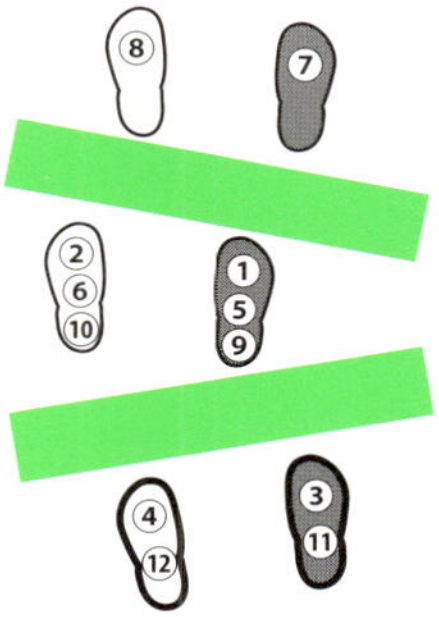

アレンジ

1人で行う場合…

連続ジャンプを1人で行う場合は、40センチ四方の線を引いて行いましょう。

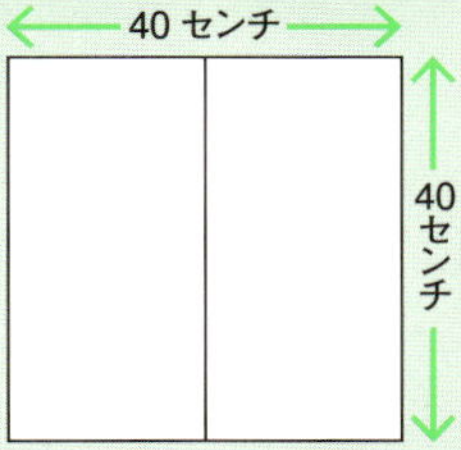

連続ジャンプ／その2

パターン4

すわる選手とジャンプする選手の足を平行にして開始。片足ずつクロスするジャンプを、図のように5往復を左右行ってみてください。

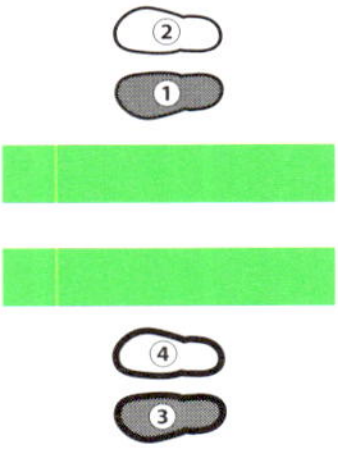

パターン5

すわる選手は両足を開き、ジャンプする選手は、図のようにジャンプします。5往復を左右行ってみてください。

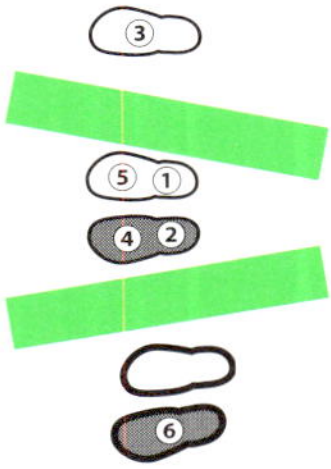

パターン6

すわる選手は両足を開き、ジャンプする選手は、図のようにジャンプします。3往復を左右行ってみてください。

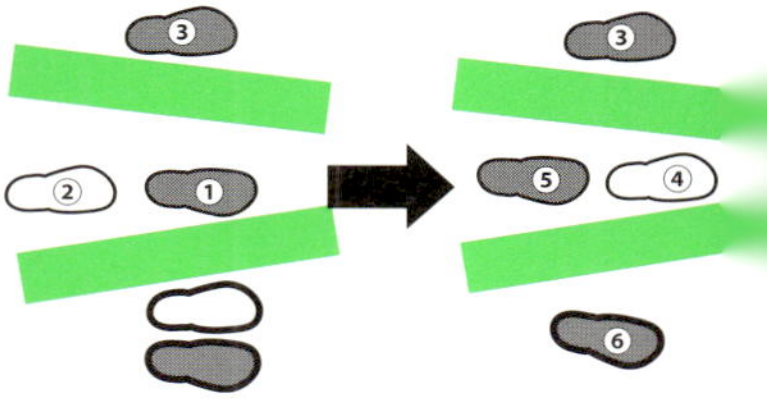

パターン7

すわる選手は両足を開き、ジャンプする選手は、(写真のように) 足じゃんけんで「グー (閉じる)」「パー (開く)」をくり返します。10回行ってみてください。

パターン8

すわる選手は両足をそろえ、ジャンプする選手は、スキーのように重心を体の中心におきながら左右にジャンプします。5往復行ってみてください。

パターン9

すわる選手は両足を開き、ジャンプする選手は、パターン8のように重心を体の中心におきながら左右にジャンプします。3往復行ってみてください。

ジャンプ&3歩ダッシュ

軽くジャンプをくり返した後 3歩でトップスピードに入る

前後や左右に軽く（30センチ程度）ジャンプした後、3歩でトップスピードに入れるようにする練習です。ジャンプした直後に動き出すという流れは実戦の動きに近いので、練習や試合前のウォーミングアップとしても適している練習です。

そして3歩走ったら、ジャンプストップでしっかりと止まってから、再び軽くジャンプして走ります。それぞれ2～3回くり返してみてください。

ポイント

進行方向に1歩目をふみ出す

ただ速く走ればよいのではなく、動き出しをいかに相手よりすばやく行えるようにするかが大事です。1歩目を後ろに引いて、いきおいをつけるのではなく、進行方向に1歩目をふみ出す意識を持つように。さらに、前後左右のジャンプを組み合わせる「十字ステップ」でも行ってみてください。

前後にジャンプ

すぐに動き出せる姿勢です
30センチくらい前方にジャンプします
着地したらすぐさま後方にジャンプしてもどります

左右にジャンプ

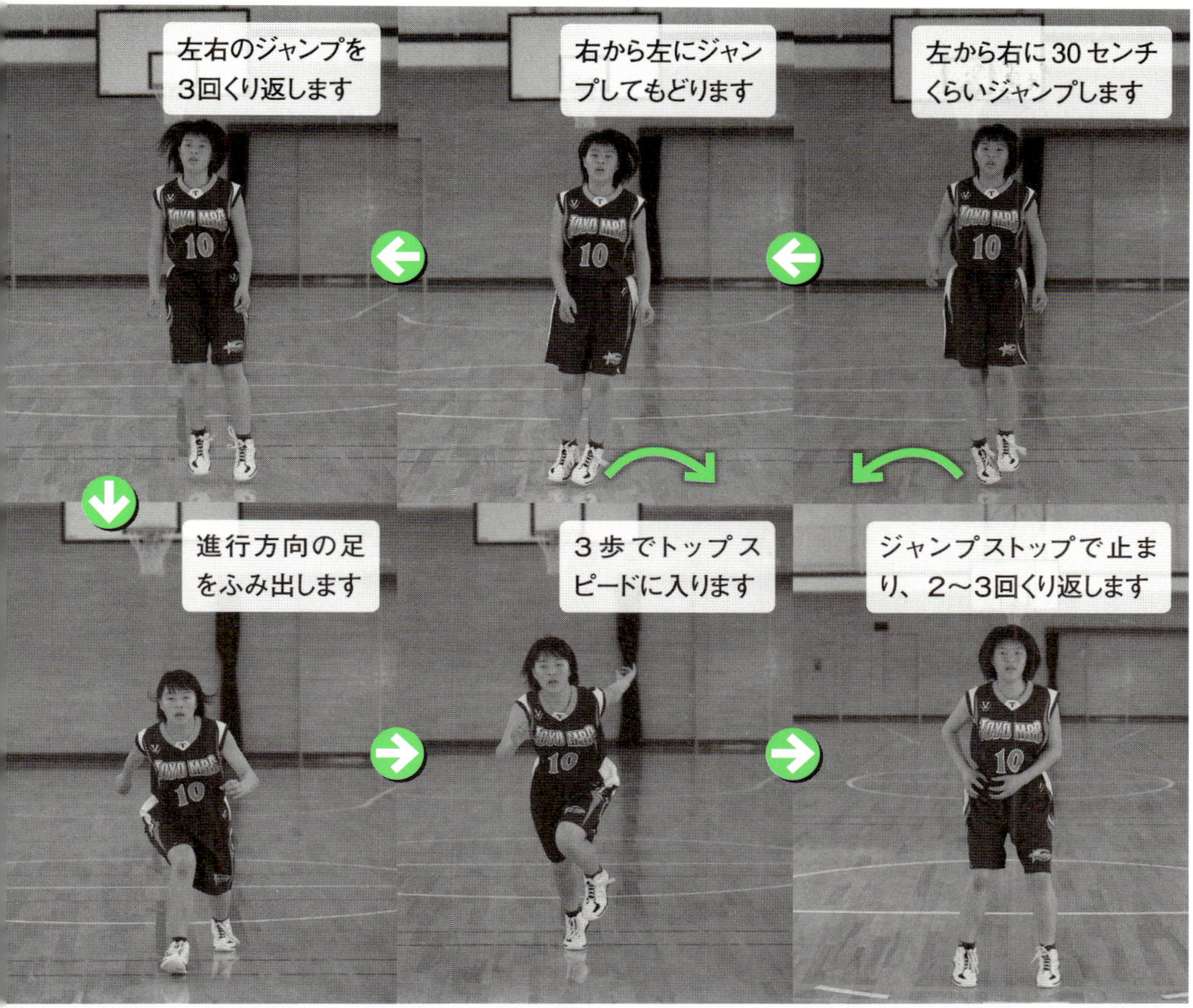
左から右に30センチくらいジャンプします
右から左にジャンプしてもどります
左右のジャンプを3回くり返します
進行方向の足をふみ出します
3歩でトップスピードに入ります
ジャンプストップで止まり、2〜3回くり返します

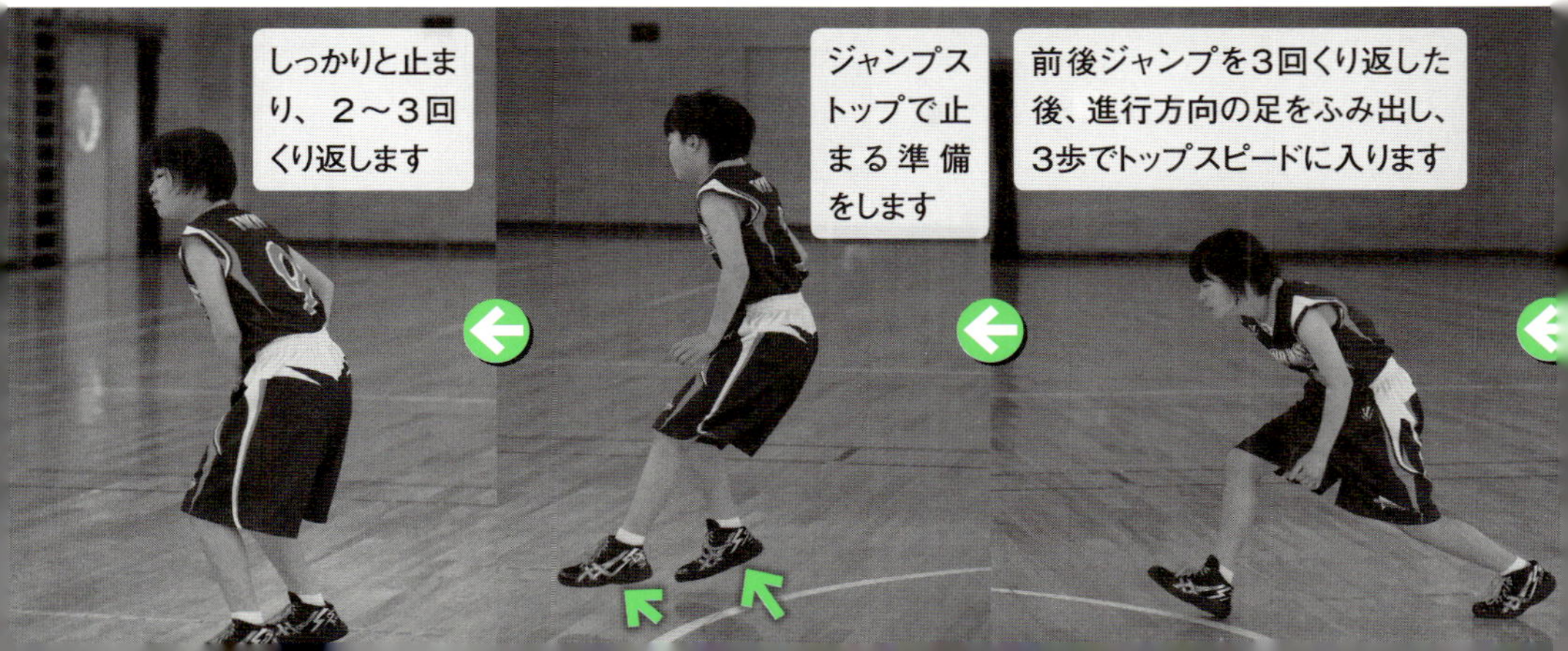
前後ジャンプを3回くり返した後、進行方向の足をふみ出し、3歩でトップスピードに入ります
ジャンプストップで止まる準備をします
しっかりと止まり、2〜3回くり返します

ションドリル

第6章

コーディネー

コーディネーションドリルとは？

バスケットボールをうまくさせる7つの能力

反応能力
（リアクション）
すばやく反応する

バランス能力
バランスを安定させる

変換能力
（アダブタビリティ）
相手に適応する

7つの能力をのばす遊びのような練習

バスケットボールがうまくなるためには、シュート、ドリブル、パスといったプレーの基本をおぼえることが大切です。それだけにこの本で紹介してきた練習を大事にしてほしいと思います。

それと同時に目を向けてほしいのが、「コーディネーションドリル」という練習です。難しい練習に聞こえるかもしれませんが、けっして難しい練習ではありません。みなさんの運動能力をのばしてくれ

連結能力
（カップリング）
いくつかの技術を
同時に行う

識別能力
（ディファレンシング）
力の強弱をつける

定位能力
（オリエンテーション）
位置関係をはあくする

リズム能力
プレーがうまくいくように
リズムをつかむ

みんなで何をやっていると思いますか？　次のページで、このコーディネーションドリルから紹介していきます！
TOKYO
12
14

る「遊び」なのです。

実はここまで紹介した練習のなかにも、このコーディネーションドリルは含まれていました。そのうちシュート、ドリブル、パスの基本につながるドリルを各章に入れたわけです。が、まだまだたくさんおもしろいコーディネーションドリルがあるので、この章で一気に紹介していきましょう。

その前にコーディネーションドリルが上達させる能力は７つに分けられます。①反応能力②バランス能力③変換能力④連結能力⑤識別能力⑥定位能力⑦リズム能力、これら「７つの能力」を整理しておきます。

練習①

ナンバーライティング

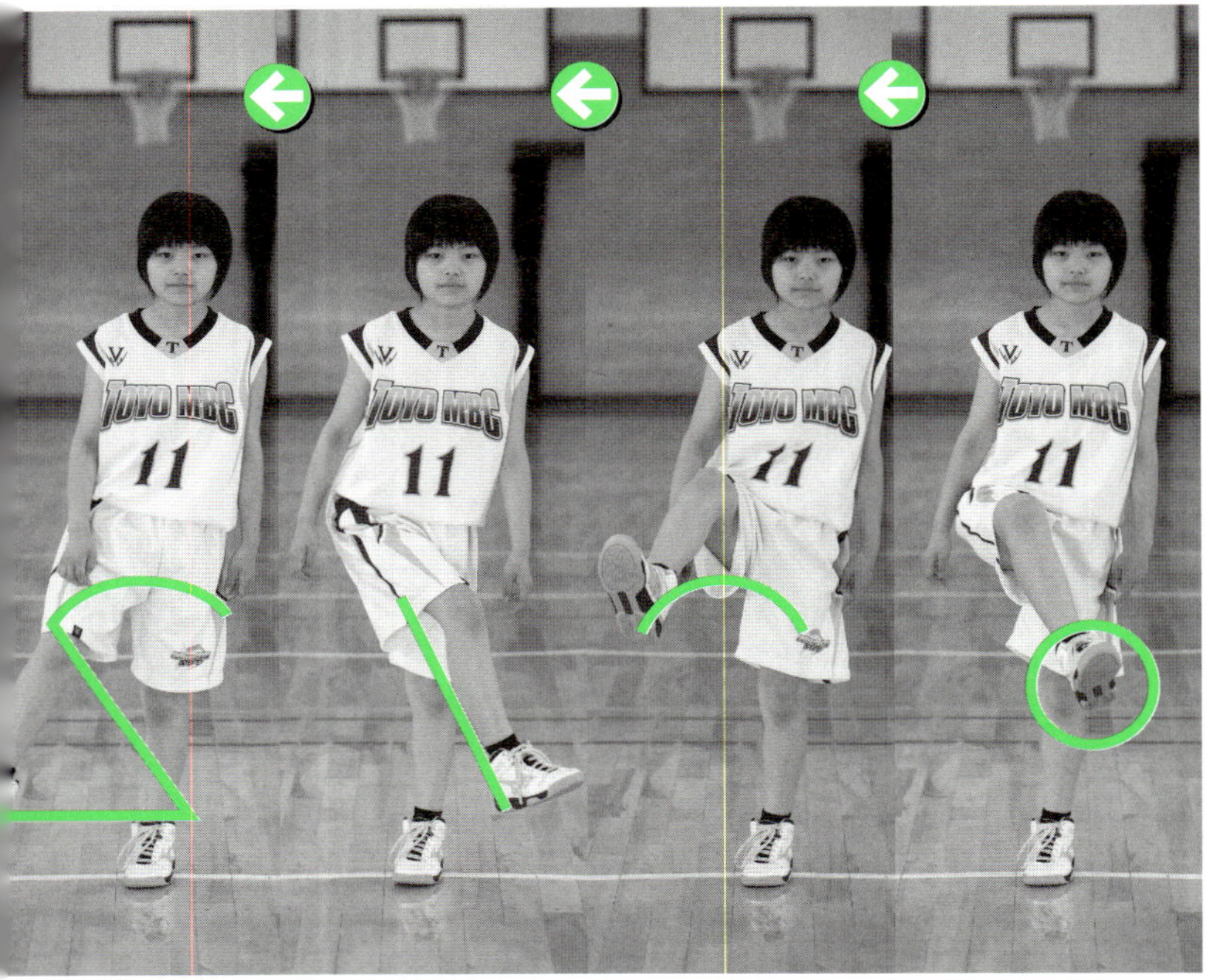

片足で数字を書いてバランス能力を高める

バランス能力を高めるコーディネーションドリルです。片足で立ち、もう片方の足で数字を書いてみてください。

「1」であれば、上から下に足をおろすだけなので簡単ですね。「2」はどうでしょうか。

上の写真のように、まずは「2」の上の部分の丸くなっているところを書いて、斜めに大きく足を動かします。そして横に動かせば「2」となります。

このように浮かしている足をどのように動かしても、片方の足で立っていられるような遊びが、バスケットボールに通じる能力を高めてくれるのです。1から10まで両方の足で書いてみましょう。

選手から見て「7」の数字ですが…

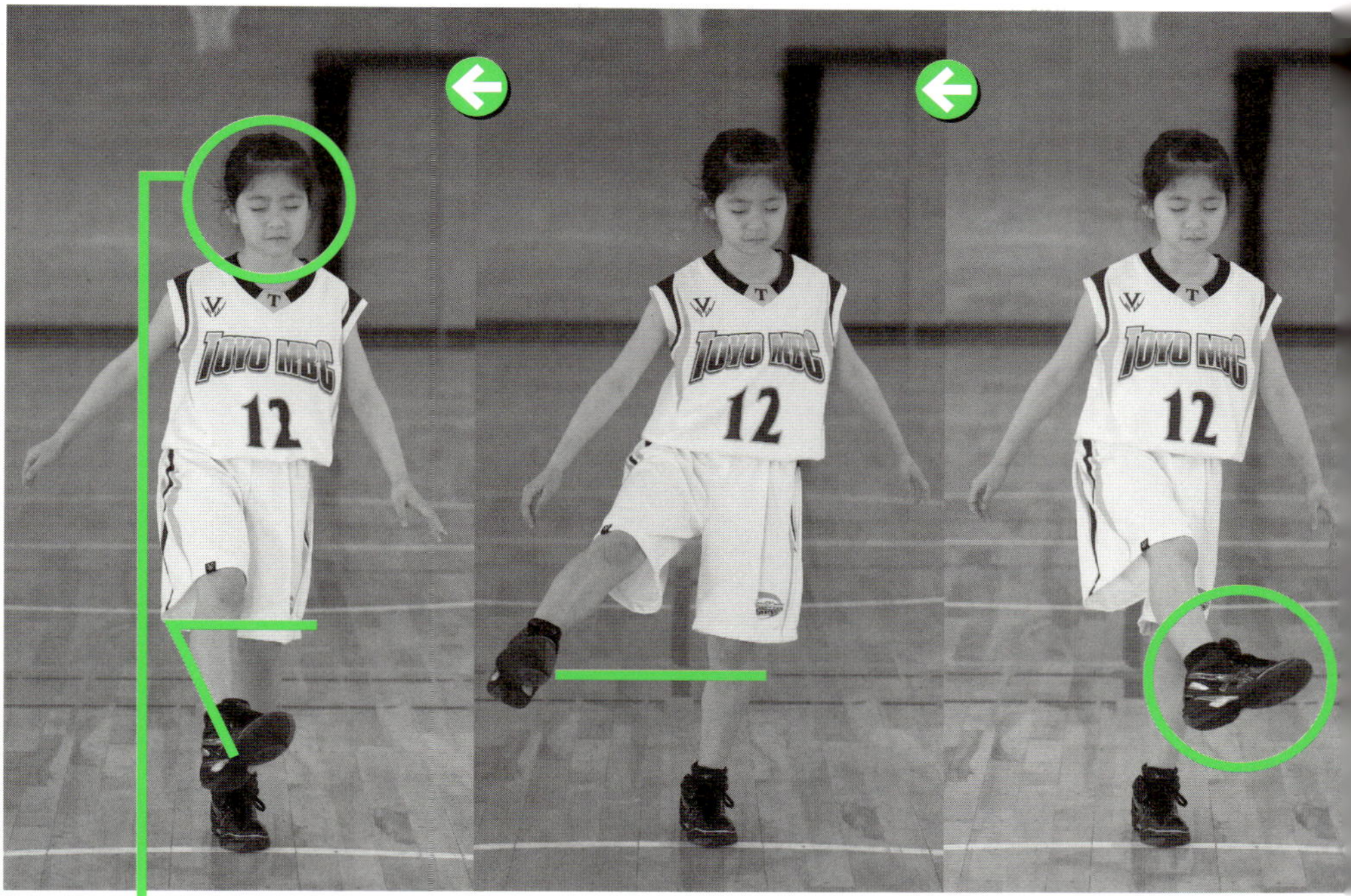

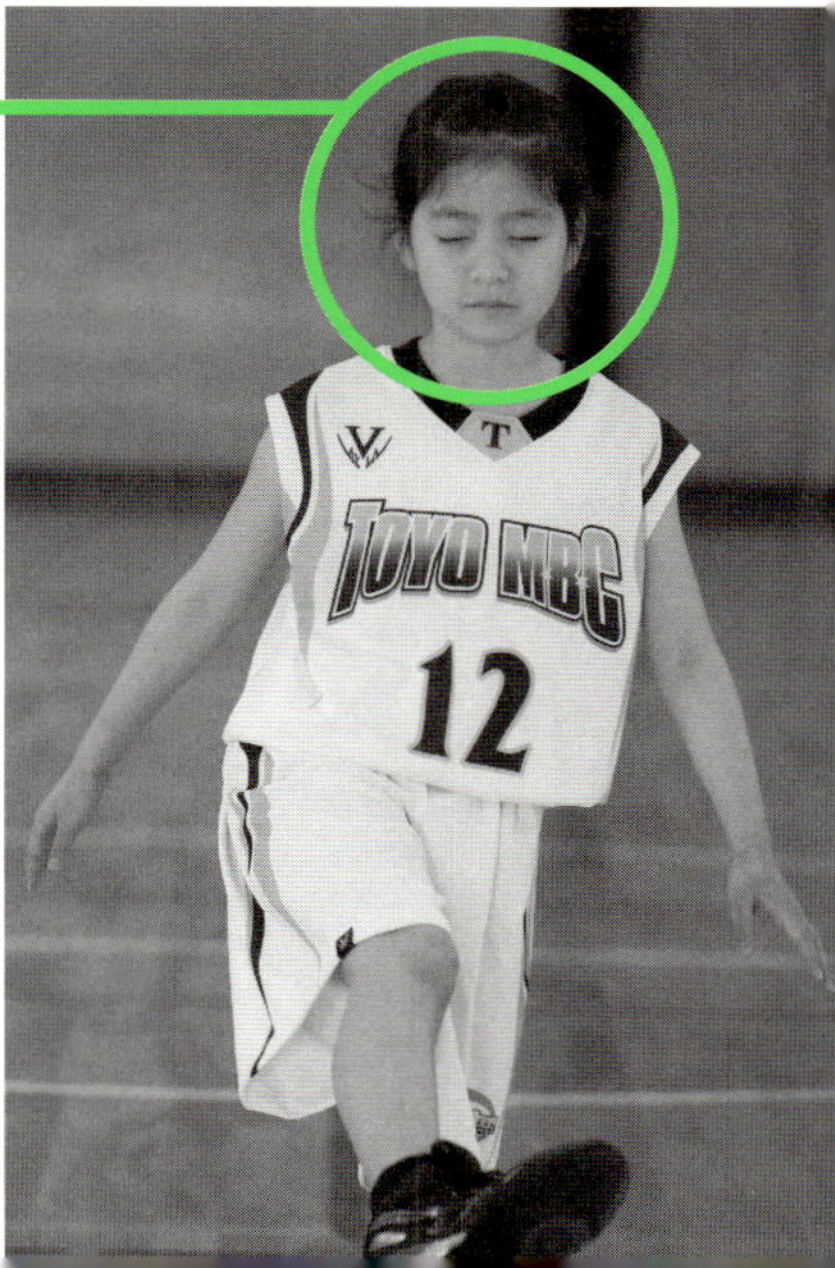

アレンジ

目をつぶるとより難しくなる

ここでは「7」の数字を書いていますが、選手の顔をよく見てください。目をつぶっているのがわかると思います。目をつぶることによってバランスをとるのが難しくなり、よい練習になるのです。これによって、人がまわりのものを見てバランスをとっているのがよくわかるはずです。つまり、まわりが見えにくい状況に追いこまれても、バランスを保つ感覚がそなわるわけです。

練習②

バッククロス

ボールを持ってバッククロス

足をクロスさせながらリズミカルに後ろ走り

バランス能力やリズム能力を高めてくれるコーディネーションドリルです。

体の前でボールを持って腕をのばします。そのまま足を左右交互に後ろに持っていき、後ろ走りをします。後ろに持っていった足をクロス

ボールを持ち、両足を交互にクロスステップをふみながら、後ろ走りをします

腕を前後に回しながらバッククロス

させるようにしても、バランスをくずさず、リズミカルに足を動かしましょう。次にボールを使わず、両手を前後に回しながらバッククロスを行います。片手（写真では右手）を前回り、もう一方の手（写真では左手）を後ろ回りさせながら、バッククロスを行ってみてください。

ともにラインを使って、ラインを踏まないように足をクロスしましょう。

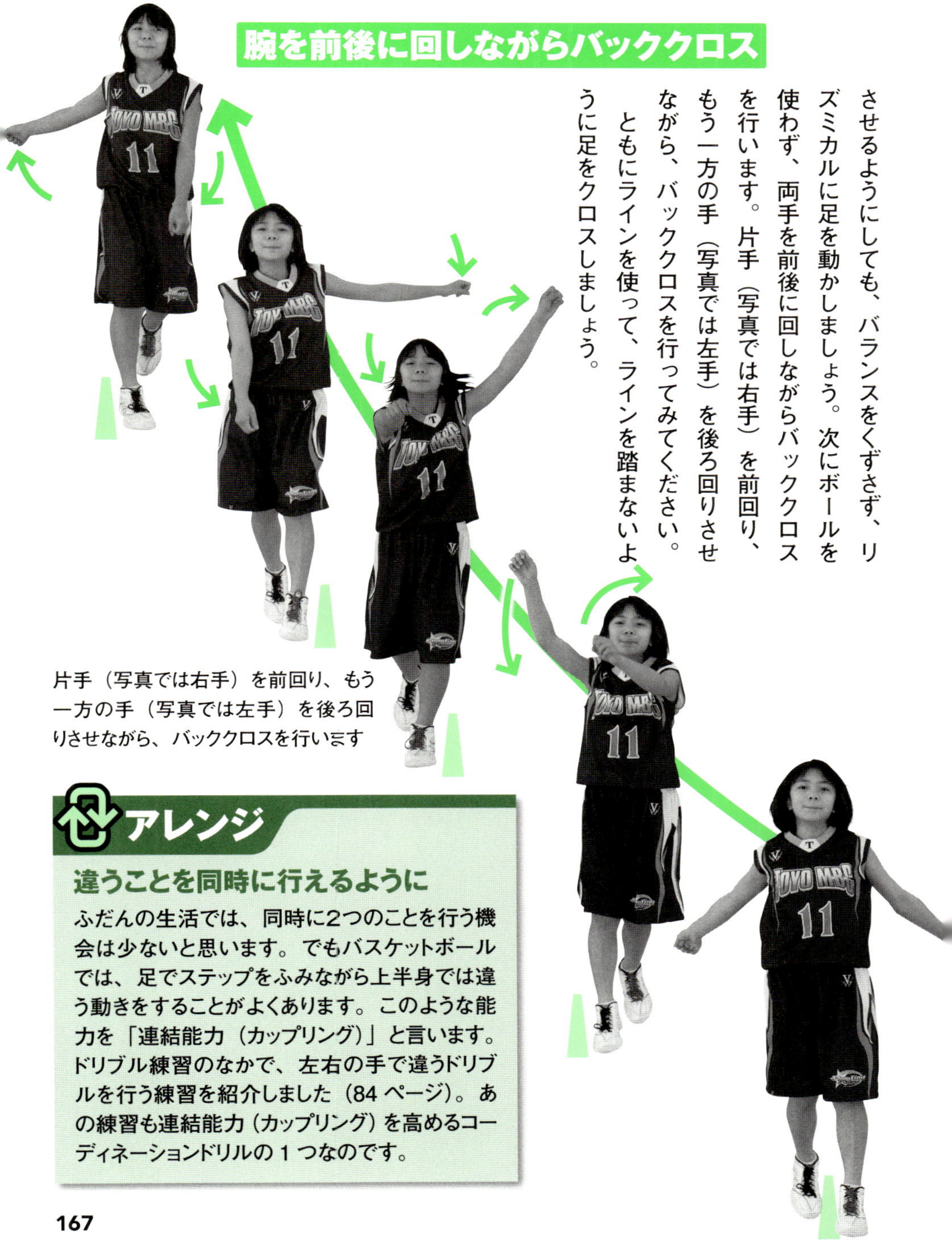

片手（写真では右手）を前回り、もう一方の手（写真では左手）を後ろ回りさせながら、バッククロスを行います

アレンジ

違うことを同時に行えるように

ふだんの生活では、同時に2つのことを行う機会は少ないと思います。でもバスケットボールでは、足でステップをふみながら上半身では違う動きをすることがよくあります。このような能力を「連結能力（カップリング）」と言います。ドリブル練習のなかで、左右の手で違うドリブルを行う練習を紹介しました（84ページ）。あの練習も連結能力（カップリング）を高めるコーディネーションドリルの1つなのです。

練習③

手をたたいてボールキャッチ

後ろで両手をたたいてキャッチ

天井に向けてボールを投げあげます
ボールが落下してくる前に、両手を後ろでたたきます
落下してきたボールを両手でキャッチします

キャッチしやすい位置にボールを投げる能力を

ボールを高く投げあげ、ボールが落下してくる前に、両手を後ろでたたいてボールをキャッチする練習です。このように自分がキャッチしやすい位置にボールを投げあげるような能力は「定位能力（オリエンテーション）」と呼ばれています。

次に、180度ピボットしてから再び同じ姿勢にもどってキャッチします（169ページ上）。つまり一度後ろ向きになってから、もとにもどるということです。

さらに、360度ピボットしてから再び同じ姿勢にもどってキャッチします（169ページ下）。つまり一回転してキャッチするということです。

180度ピボットしてキャッチ

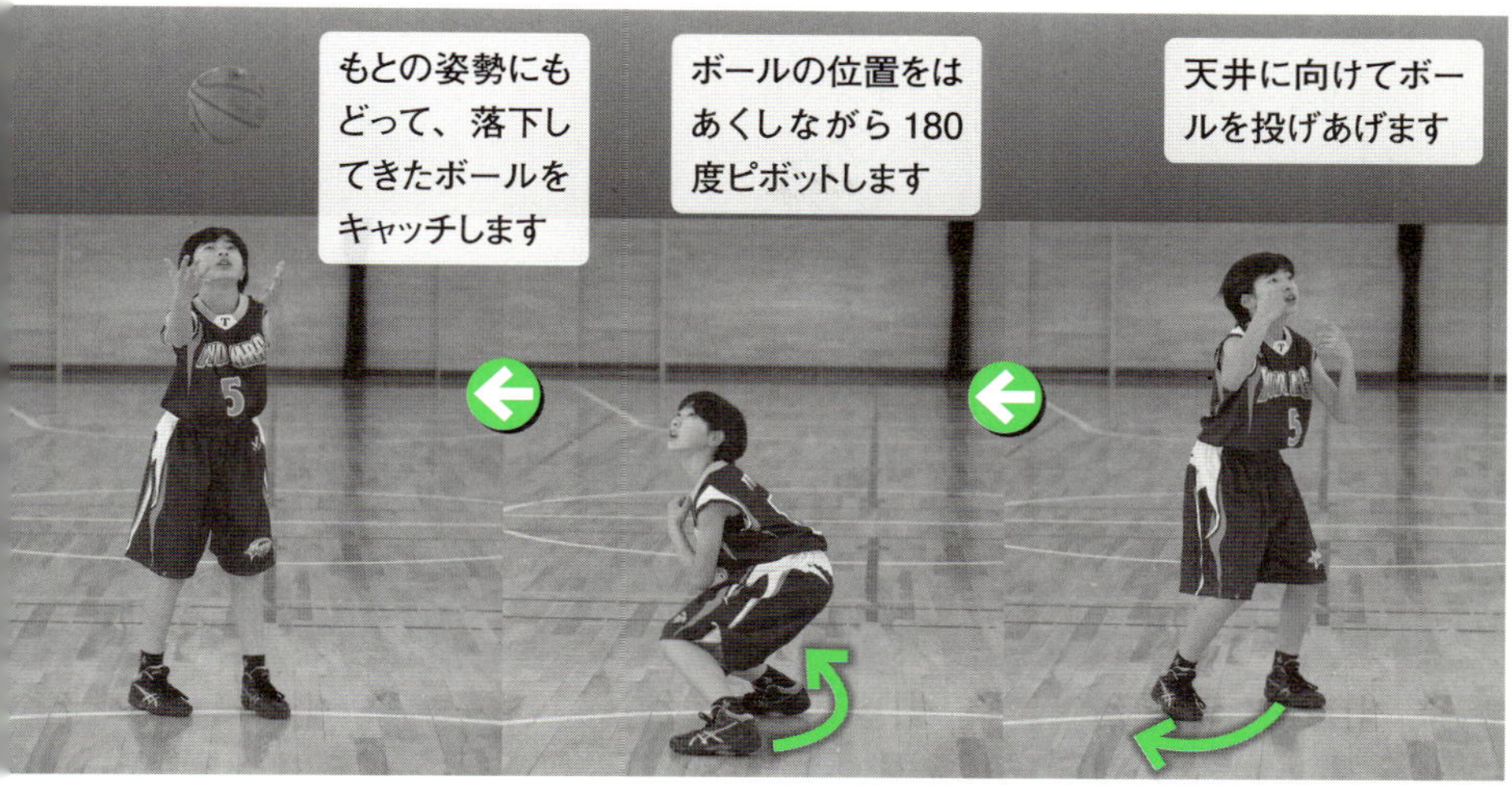
天井に向けてボールを投げあげます
ボールの位置をはあくしながら180度ピボットします
もとの姿勢にもどって、落下してきたボールをキャッチします

360度ピボットしてキャッチ

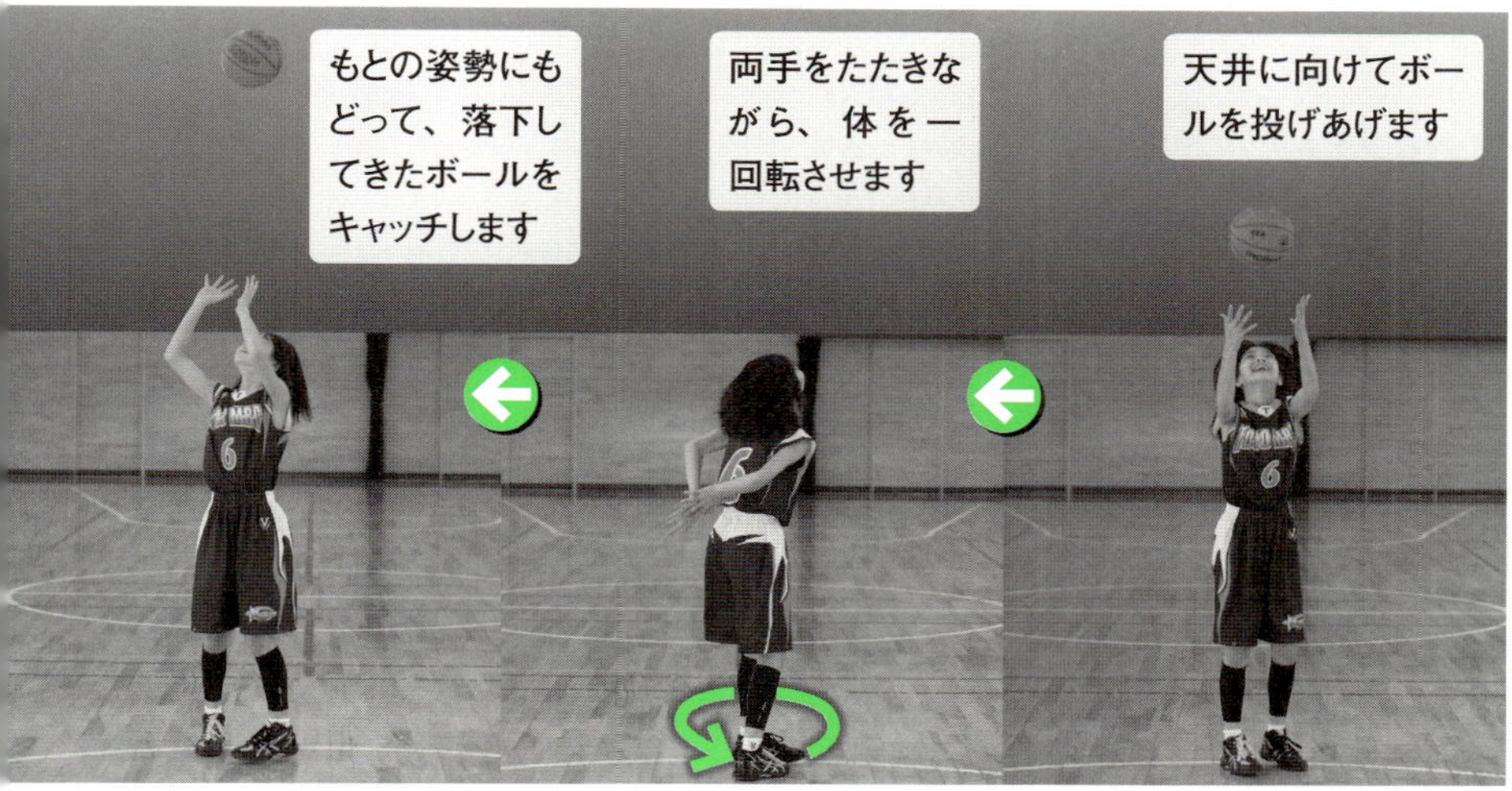
天井に向けてボールを投げあげます
両手をたたきながら、体を一回転させます
もとの姿勢にもどって、落下してきたボールをキャッチします

チェック

反応能力やバランス能力もそなわる

投げる場所とキャッチする場所はできるだけ同じになるようにしましょう。このように練習を難しくすることによって、いろいろな能力が必要となります。180度ピボットしてすばやくもとの姿勢にもどるには、反応能力（リアクション）が関わっています。また360度ピボットした後では体勢がくずれやすいだけに、バランス能力が必要になります。

バウンドしたボールの下をくぐる

ボールがバウンドするタイミングをはかります
できるだけ高くボールを投げあげます
!

楽しい遊びのなかでいろいろな能力を高める

ボールを天井に向かって高く投げあげ、バウンドしたボールの下を何度もくぐる練習です。とても楽しい遊びですが、いろいろな能力が求められます。

まずボールの位置をはあくするのは定位能力（オリエンテーション）。そしてバウンドするタイミングに合わせて動くのはリズム能力です。さらにバウンドが小さくなってきたら、リアクション（反応能力）がすばやくないと、くぐることが難しくなります。

ボールに体があたらないように

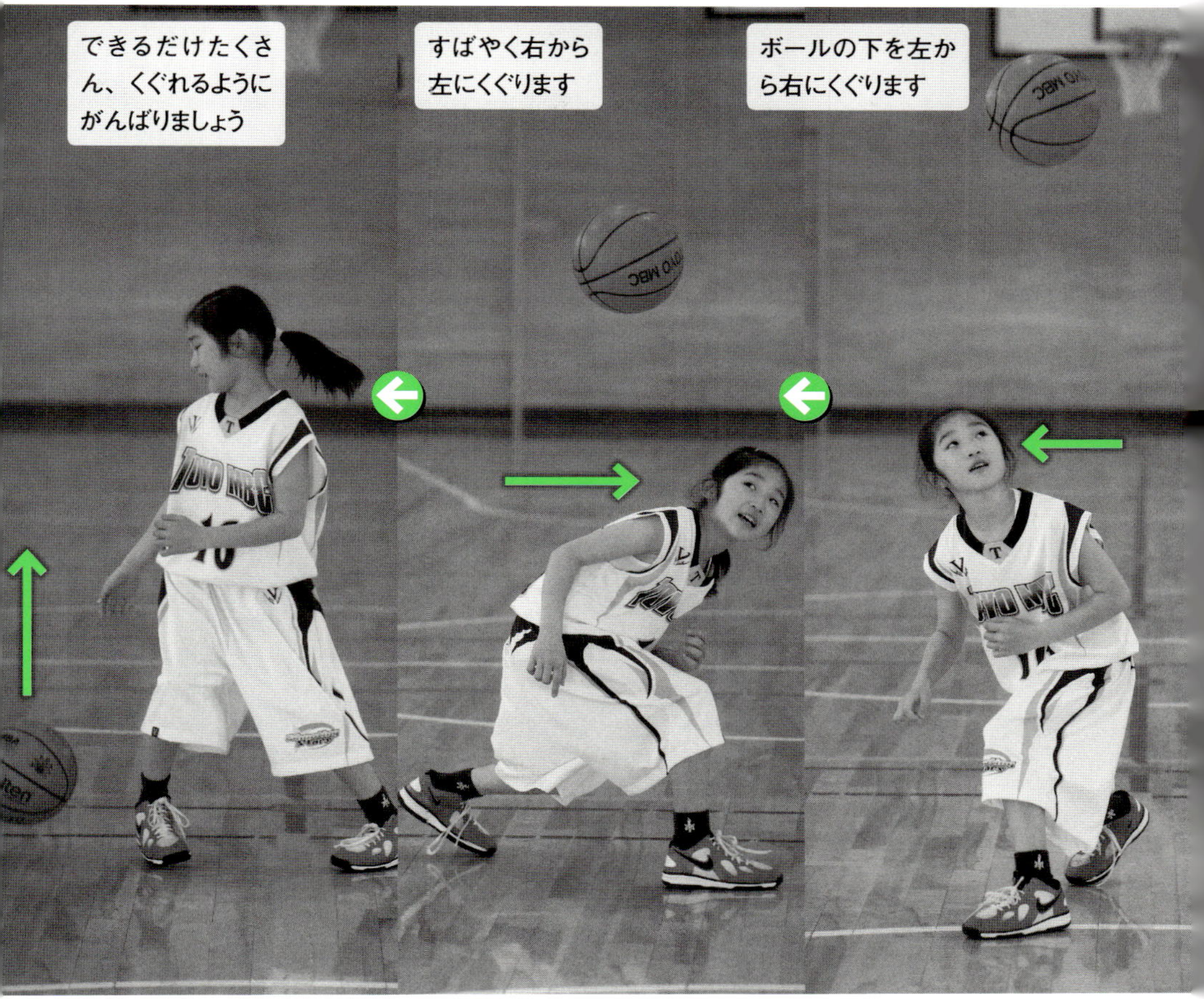
できるだけたくさん、くぐれるようにがんばりましょう
すばやく右から左にくぐります
ボールの下を左から右にくぐります

注意して、何度くぐれるかトライしてみましょう。

くぐる回数を決めて最後にキャッチするのも楽しいです。

ポイント

ボールから目を離さない

ボールが体にあたらないように、ボールから目を離さないことがポイントです。ボールの位置を正確にはあくする、まさに「定位能力（オリエンテーション）」です。それにともない、ボールに目を向けたまま、体を動かすステップワークも求められることになります。実際に試合ではボールから目を離さず、前後左右に動かなければならないことが多いだけに、このような練習が役立つのです。

ダッシュしてボールにすわる

ボールの
前に出ら
れるように
走ります
ボールの位置をはあ
くします。できるだけ
ボールを見ないように
がんばってみましょう
両手を使わず
にタイミングよ
くおしりでボー
ルを止めて、
すわります

自分の走るスピードに見合ったボールを

ボールをころがして、そのボールに追いついてすわる、遊びのようなコーディネーションドリルです。ボールにすわるためには、自分の走るスピードに見合ったボールをころがさなくてはいけません。こ

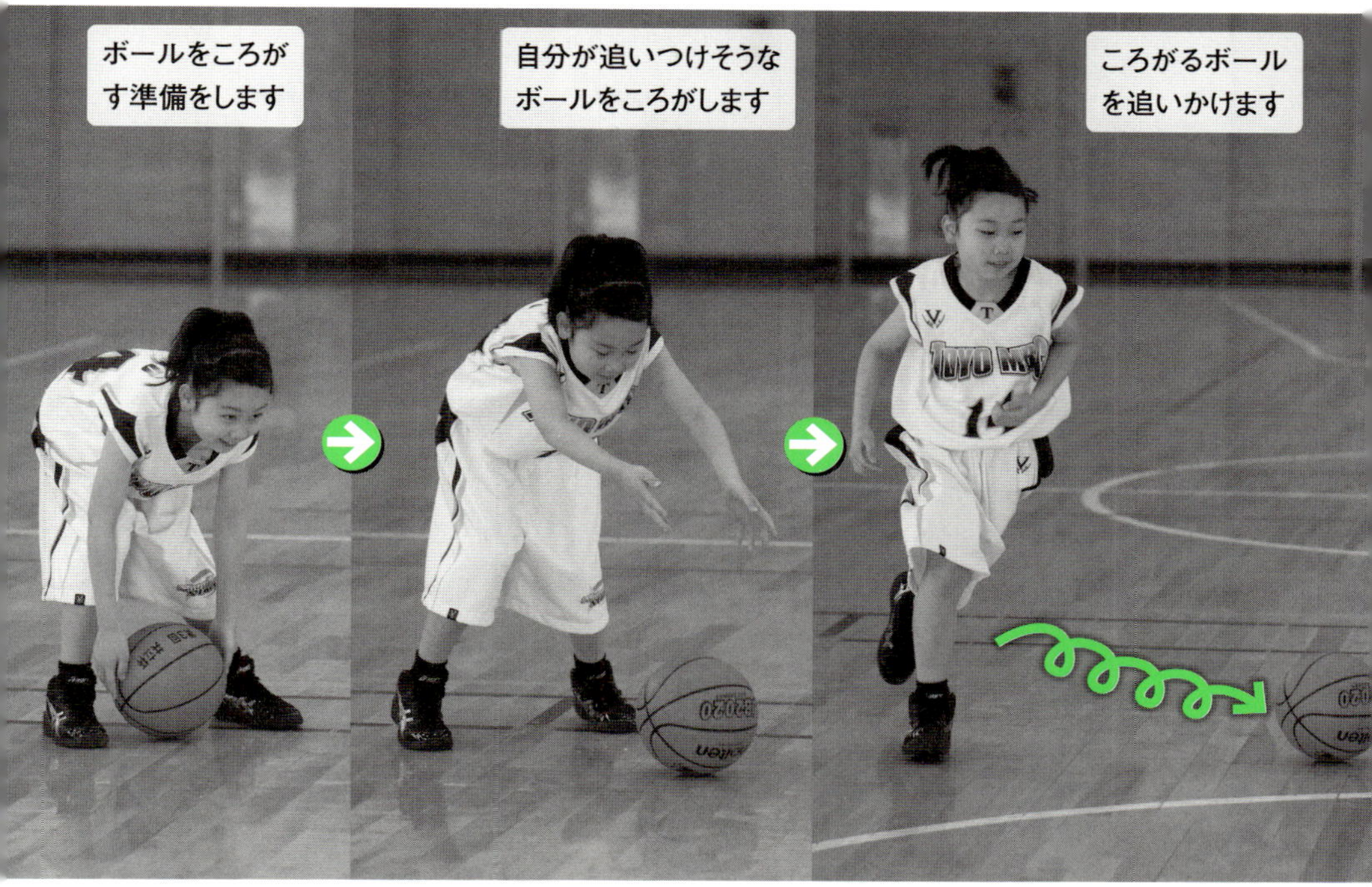
ボールをころがす準備をします
自分が追いつけそうなボールをころがします
ころがるボールを追いかけます

の力の強弱のことを「識別能力（ディファレンシング）」と言います。

さらにボールに追いついてすわる時には、ボールの位置を正確にはあくする必要があります。これは「定位能力（オリエンテーション）」です。

つまりそれらがこのドリルを通じて高められるということです。

アレンジ

すわる位置を決めて行う

この練習を行う時には、ベースラインからころがして、できるだけセンターラインに近いところですわるなど、すわる位置をルールとして決めてことをおすすめします。わざと弱くころがしてすぐにすわったり、ボールのころがりが弱くなるのを待ってからすわっても、よい練習にはならないので気をつけましょう。

練習⑥

手首を柔らかくする遊び

Ⓐが手を下から上に、Ⓑが手を上から下に向けて合わせます

Ⓐが手首を返してⒷの手をたたこうとします

Ⓐがたたいたので、Ⓐの勝ちです

Ⓐが手首を返してⒷの手をたたこうとします

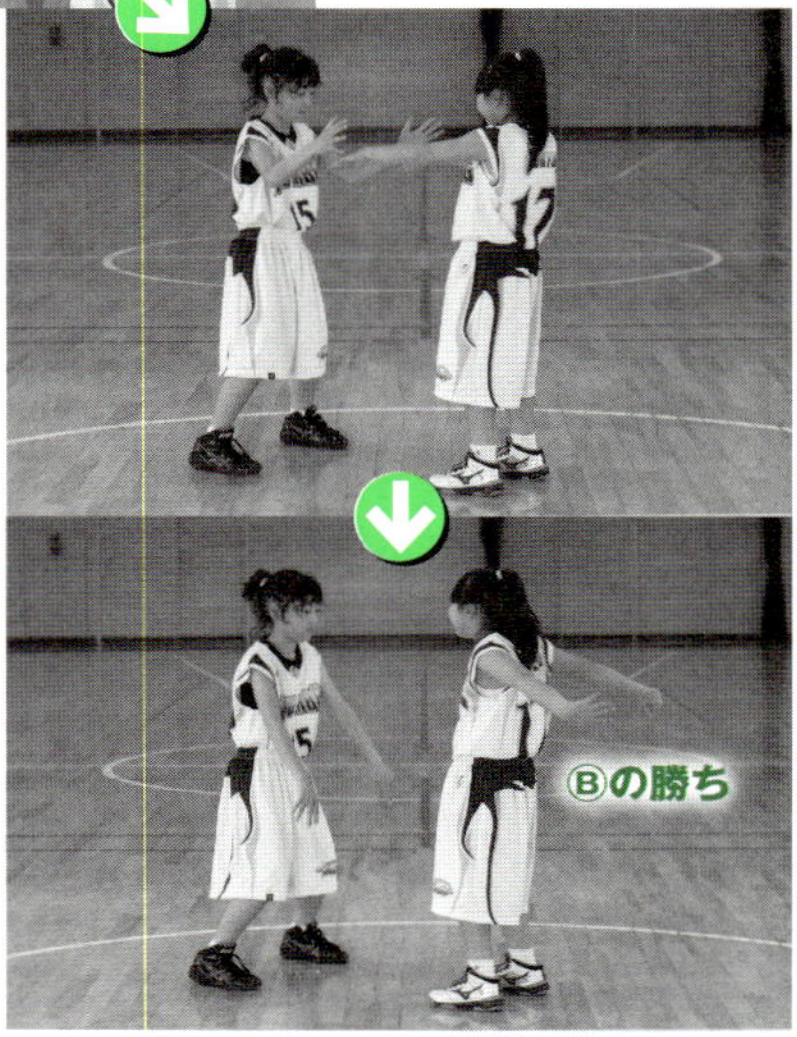

Ⓑが手を横によけたので、Ⓑの勝ちです

手首の力、柔らかさがプレーをうまくさせる

シュートを打つ時、ドリブルをつく時、そしてパスを出す時、いずれのプレーにおいても「手首」を上手に使うことが大切です。手首の力に加え、手首の柔らかさがいろいろなプレーをうまくさせてくれます。そうした手首の柔らかさがそなわる遊びを紹介しましょう。

２人１組になり、１人の選手Ⓐが手のひらを下から上に向けて、もう１人の選手Ⓑが上から下に向けて合わせます。そしてⒶがⒷの手をたたこうとし、Ⓑはそれをよけます。これによって手首の力や柔軟性がそなわるとともに、反応能力（リアクション）も高められます。

ボールを使う

パートナーが持つボールの上に両手をのせます

パートナーがボールを手離します

腰を落としてボールの下に手を持っていきます

バウンドする前にキャッチします

アレンジ

反応能力も高まるボール遊び

ボールを使った手首の練習もあります（このページの写真）。パートナーが持つボールの上に手をのせ、パートナーが落とすボールをバウンドさせないようにキャッチします。このような遊びを通じて手首が柔らかくなると同時に、反応能力（リアクション）も高められます。

ボールのせ

ボールの中心をとらえて ボールをボールにのせる

２つのボールを使って行う遊び感覚の練習です。１つのボールを持ち、その上に別のボールをのせてみてください。ボールの中心を意識しながら、ボールをのせましょう。

このような練習を通じて、バランス能力を高めることができます。また、上のボールの動きに応じて、下のボールをうまくコントロールすることが求められます。そういう意味では、識別能力（ディファレンシング）も高められます。

両手でボールをのせる

１人がボールを持ち、パートナーがその上にボールをのせてあげます

ボールをのせたら、パートナーは手を離します

ボールの中心を意識し、ボールの上にボールをのせつづけます

上下のボールを入れかえる

ボールの上にボールをのせた状態から上のボールを手にします

下にあったボールを上にあげます

ボールの中心を意識し、ボールのいきおいを止めます

ボールのせキャッチボール

また、上のボールと下のボールを入れかえる練習では、反応能力が必要となります。このように1つの練習に、いろいろな能力が関わっているのです。

アレンジ

2人ともボールのせキャッチボールができるように

のせたボールを下のボールでたたいて、パートナーにボールをわたしましょう。ボールのせキャッチボールは難しい練習のため、写真では1人が投げて手で受け止めようとしています。慣れてきたら、2人ともボールの上にのせて行うようにしましょう。

1人(左)が1つ、もう1人(右)が2つのボールを持ちます
2つのうち1つのボールを投げます
投げられたボールを、ボールの上にのせます
のせたボールを軽くあげます

あげたボールを、持っているボールでたたいてパートナーにわたします

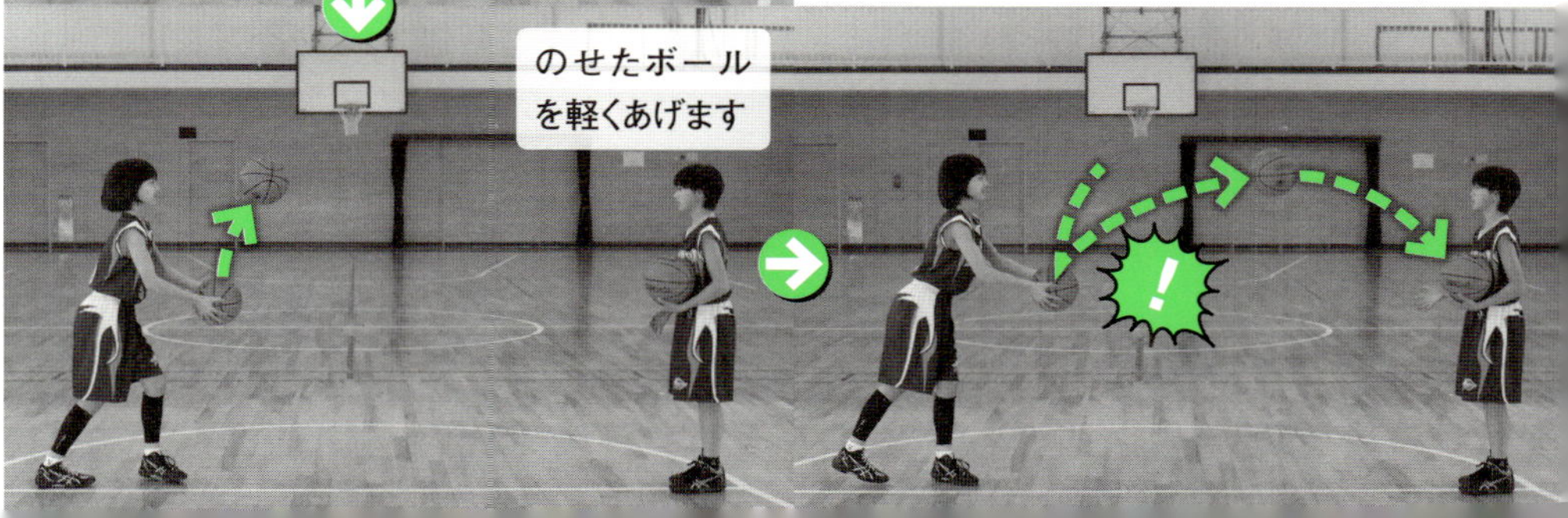
!

でんぐり返ししてキャッチ

難しいバランスでもシュートを決める

バランスがくずれた状態でもシュートを決めなければならない時があります。相手の手をかわす時や、攻撃の制限時間がせまっている時などです。そこで難しいバランスの状態でシュートを決められるように練習しておきます。

シュートを打つ前にでんぐり返しをするとバランスを保つのが難しく、よい練習になります。これには3つのやり方があります。

・パートナーの持つボールをキャッチしてからシュート
・パートナーが投げたボールをキャッチしてからシュート
・自分が投げたボールをキャッチしてからシュート

パートナーの持つボールをキャッチ

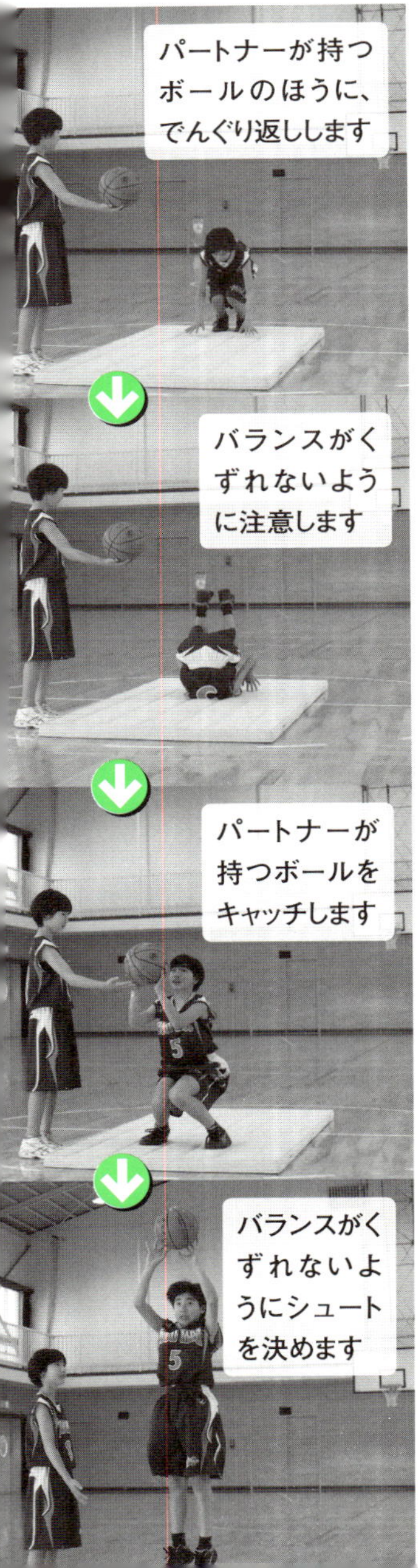
パートナーが持つボールのほうに、でんぐり返しします
バランスがくずれないように注意します
パートナーが持つボールをキャッチします
バランスがくずれないようにシュートを決めます

チェック

「バランス能力」に加え「定位能力」「識別能力」も

この練習は「バランス能力」がメインテーマですが、パートナーや自分が投げたボールをキャッチする練習では「定位能力（オリエンテーション）」も関わってきます。なぜならゴールの位置をはあくしておく必要があるからです。また、自分で投げあげる時には、「識別能力（ディファレンシング）」もいかし、適度な高さに投げあげましょう。

自分が投げたボールをキャッチ

シュートを打ちたいところに落下するようにボールを投げあげます

でんぐり返しをすばやく行います

落下してきたボールをキャッチします

バランスがくずれないようにシュートを決めます

パートナーが投げたボールをキャッチ

パートナーが持つボールのほうに、でんぐり返しします
パートナーがボールを投げあげます
落下してきたボールをキャッチします
バランスがくずれないようにシュートを決めます

練習⑨

片足でボールを持って押し合う

相手に勝つために押す力に強弱を

２人がそれぞれボールを持って片足で立ち、ボールとボールを押し合いながら、バランスを保つ練習です。ボールを体でかかえたり、バランスをくずして足をついたり、ボールを落としたら負けです。相手に勝つには、押す力の強弱をつけなくてはなりません。

強く押しすぎれば、相手にボールを引かれますし、逆に押す力が弱いと、相手に強い力で押し返されてしまうわけです。

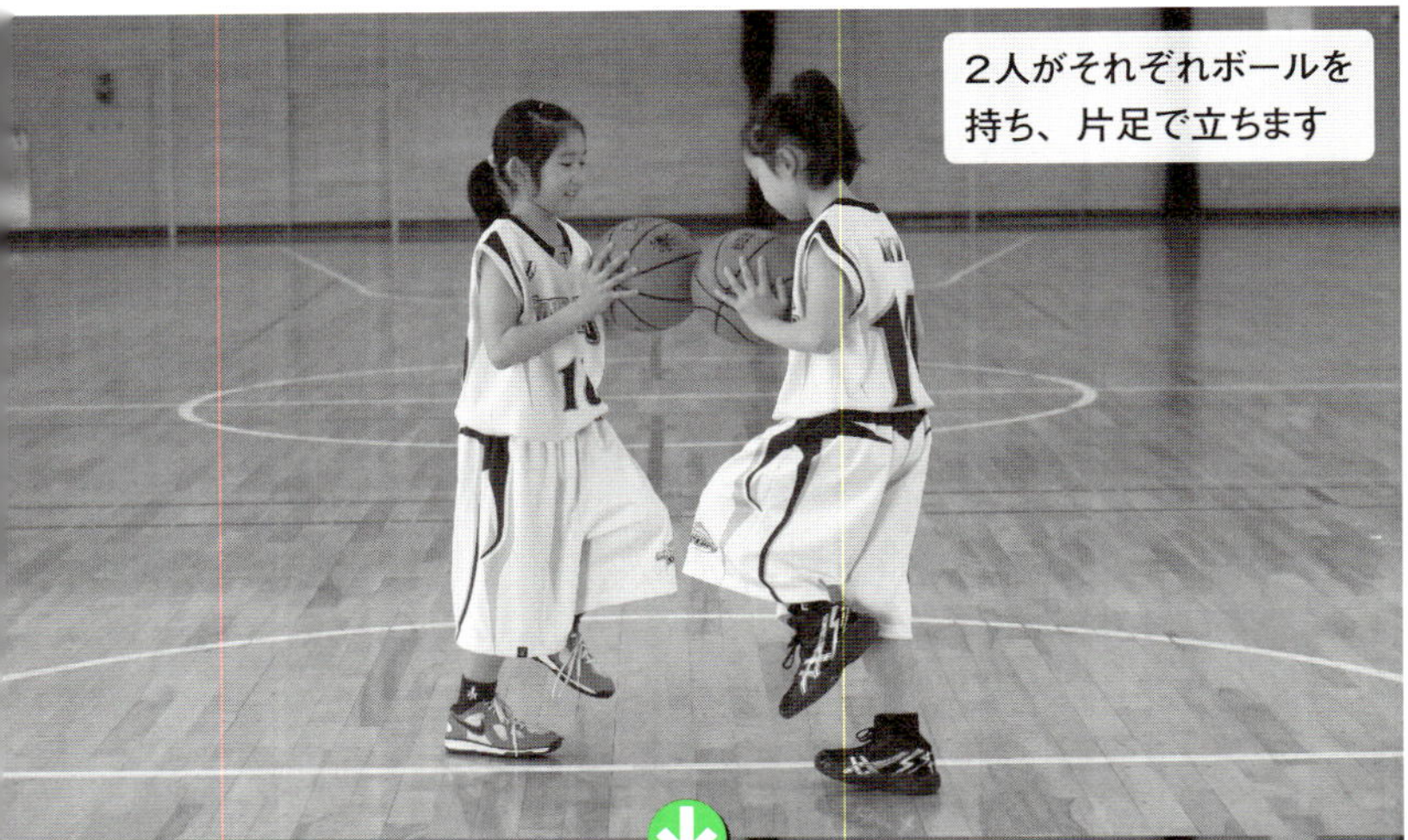

2人がそれぞれボールを持ち、片足で立ちます

持っているボールで相手のボールを押します

足をフロアにつけてバランスを立て直したらルール違反なので気をつけましょう

アレンジ

相手との「かけひき」を楽しもう

この練習のように、相手に勝つためにくふうすることを「かけひき」と言います。ボールを使わなくても、おたがいが両手を出し、押し合う遊びがあります。そういう遊びが「かけひき」を上手にしてくれます。相手の動きに対してうまく対応する能力は「変換能力（アダプタビリティ）」とも呼ばれています。

ボールを体でかかえたり、バランスをくずして足をついたり、ボールを落としたら負けです

横とびでぶつかって両足着地

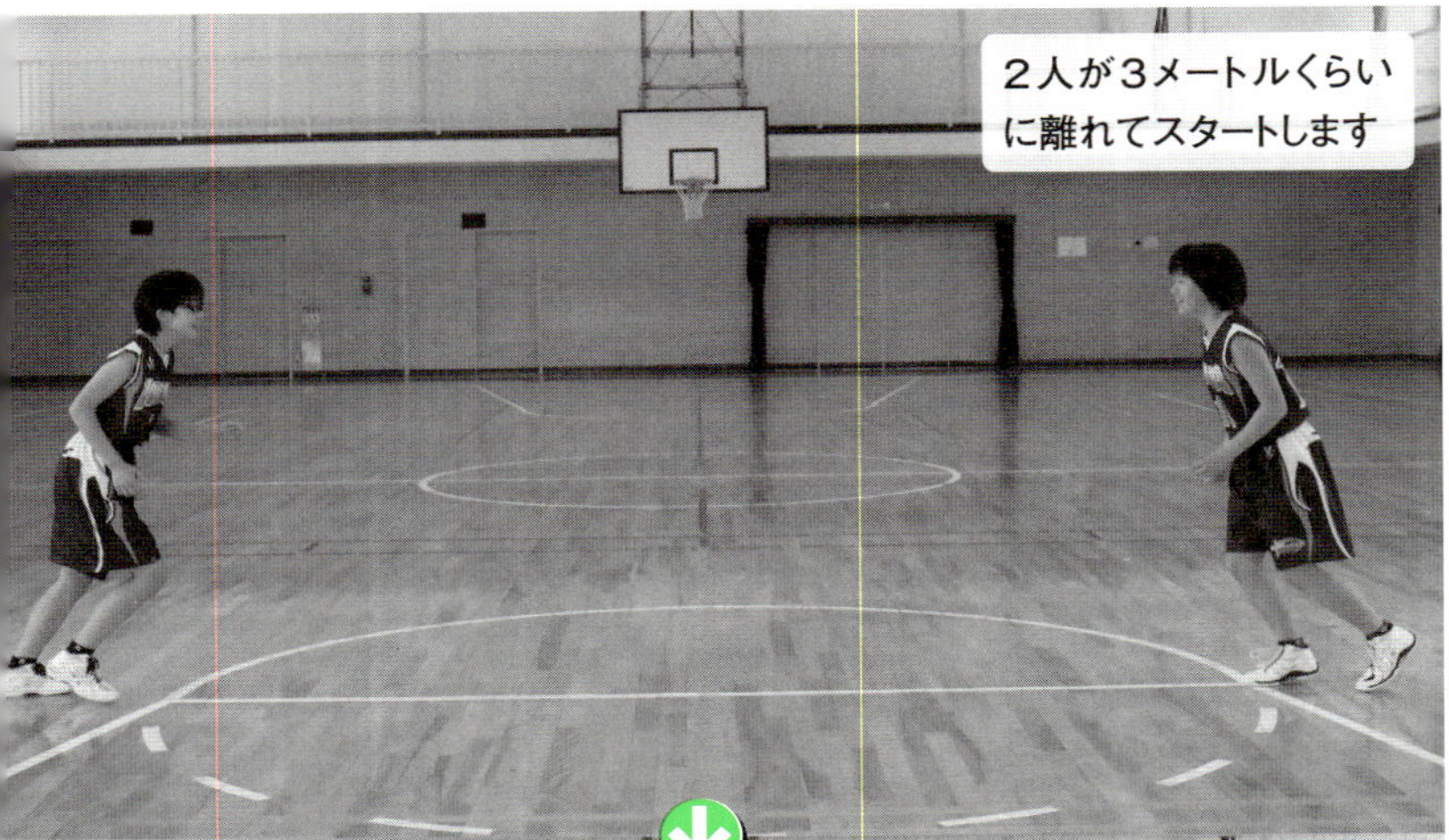
2人が3メートルくらい
に離れてスタートします

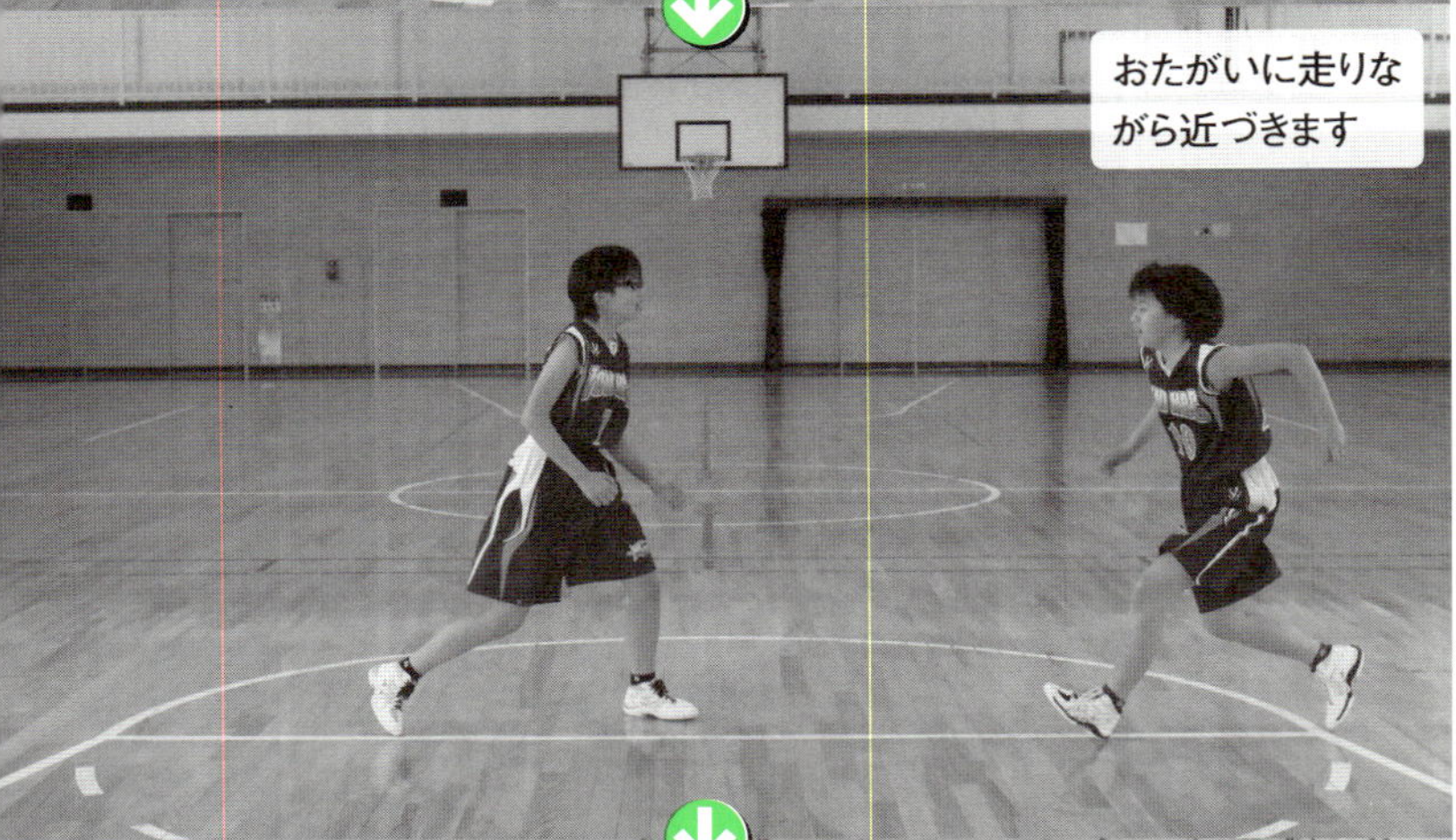
おたがいに走りな
がら近づきます

2人が息を合わせて
同時にジャンプします

パートナーと息を合わせて同時にジャンプする

2人が走り寄ってジャンプし、横向きの状態でぶつかり合う練習です。2人ともバランスをくずさず、両足で着地してください。

これは相手を押し倒すことが目的の練習ではありません。パートナーと息を合わせて同時にジャンプし、押し合う力も合わせながらバランスよく着地できるようにする練習で、リバウンド（はずれたシュートのボールをひろうプレー）の向上にもつながります。

空中でふざけ合ったり、片足で無理な体勢で着地したりすると、けがにつながるので注意して行ってください。

ポイント

相手のタイミングに合わせる能力

相手の動くタイミングに自分の動きを合わせたり、他の人のプレーをまねする力は「リズム能力」に含まれます。相手が走り寄るタイミングに合わせ、おたがいが同時にジャンプし、同等の力で押し合い、しかも同時に着地できるようなリズムをつかみましょう。

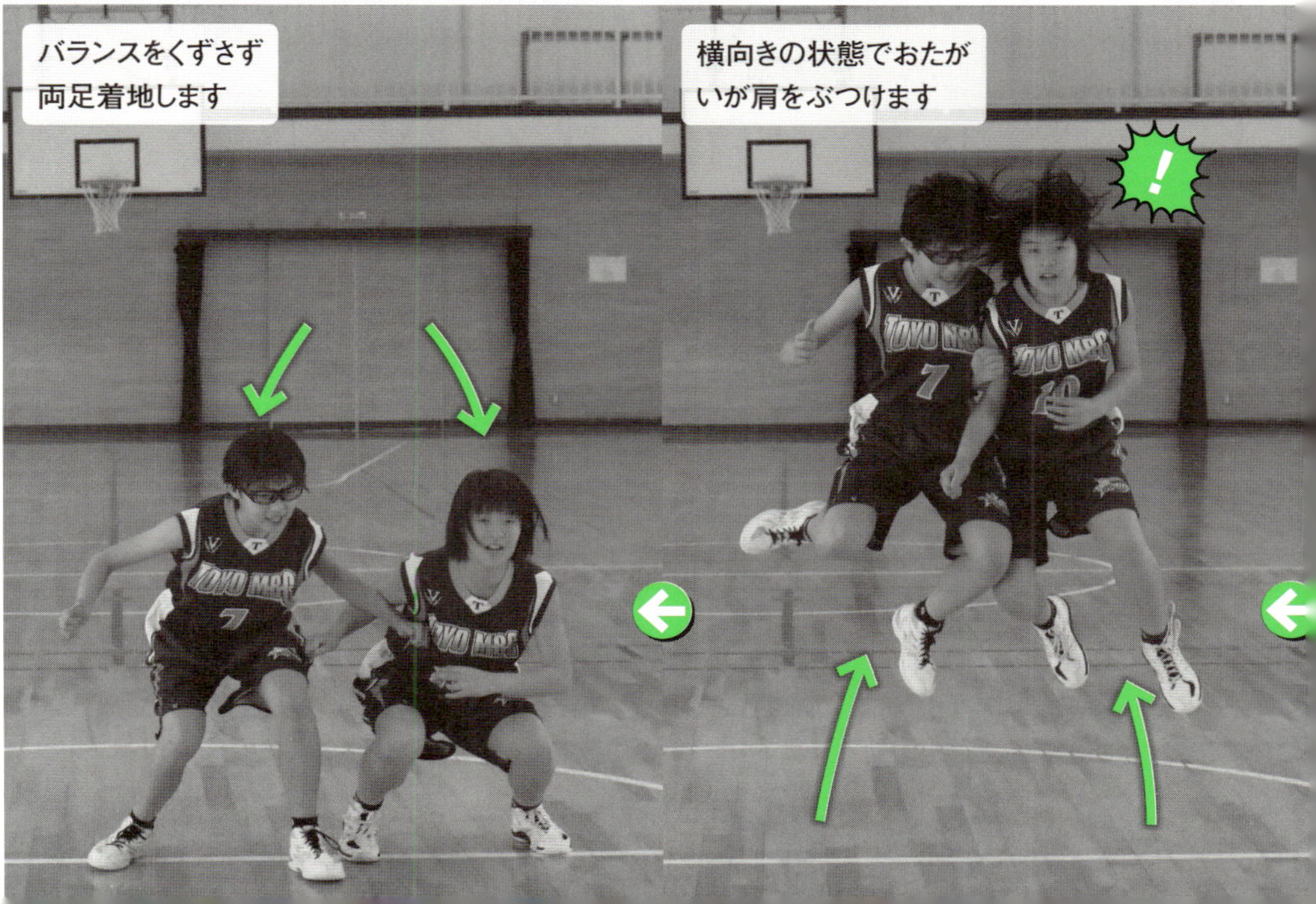

バランスをくずさず両足着地します
横向きの状態でおたがいが肩をぶつけます
!

練習⑪

2人が背中合わせで立ちあがる

力の強弱をつける能力をおたがいが発揮する

2人が背中合わせですわり、おたがいが押す力をコントロールしながら立ちあがる練習です。どちらかが強く押しすぎるとパートナーの体勢がくずれたり、立ちあがることができなくなってしまいます。つまり力の強弱をつける「識別能力（ディファレンシング）」が必要なわけです。

このような楽しい遊びを取り入れると、練習がもり上がりますし、ウォーミングアップにも適しています。

背中合わせ

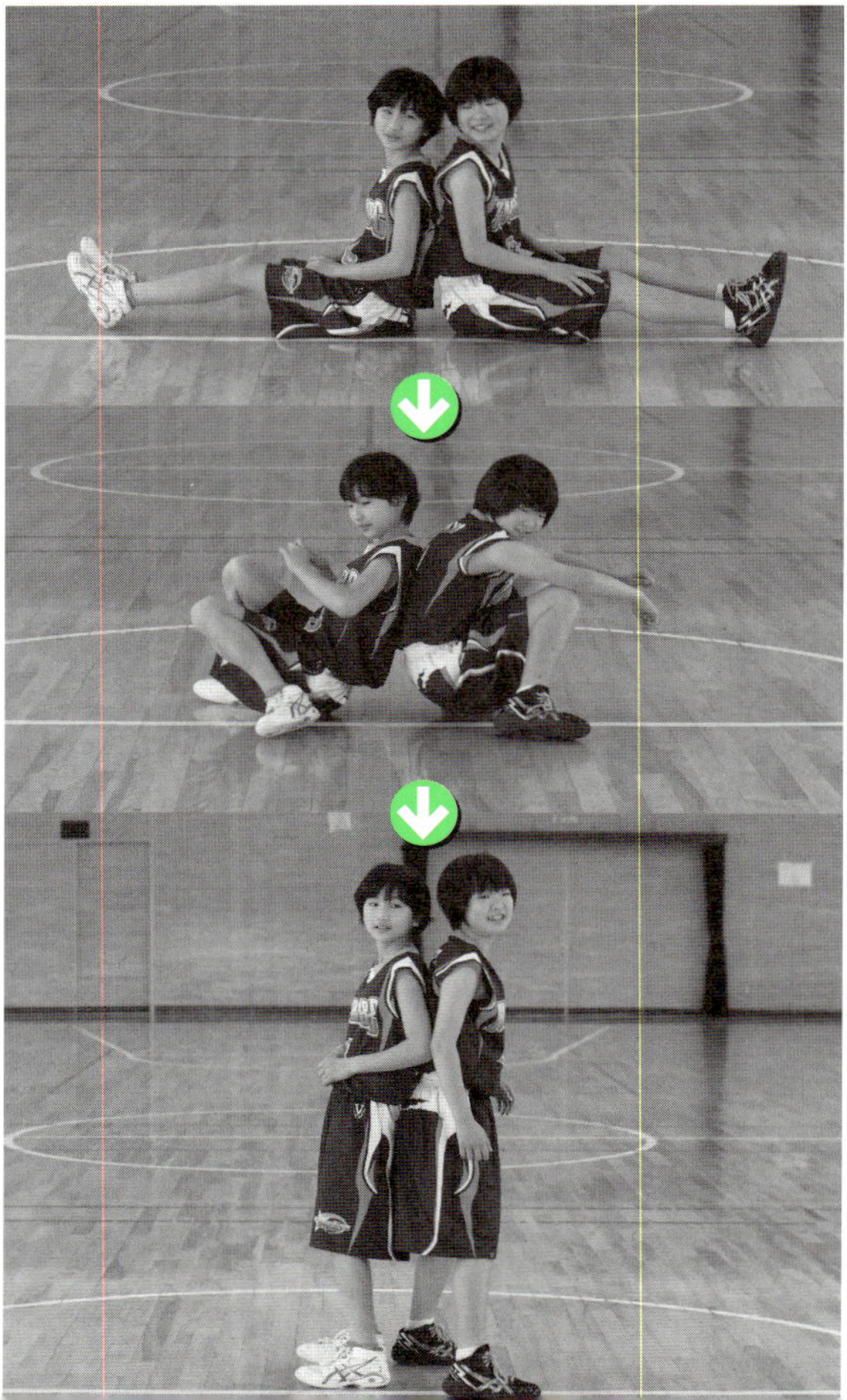

2人が背中合わせですわります

背中を押し合いながら、おしりをフロアからあげます

背中合わせのまま立ちあがります

アレンジ

ボールを押し合って立ちあがる

背中合わせでできたら、ボールを背中ではさんで行ってみましょう。背中で押し合うのが「面」だとすると、ボールを押し合うのは「点」なので、より難しくなりますがトライしてみてください。

ボールをはさむ

2人が背中でボールをはさんで、すわります

ボールを押し合いながら、おしりをフロアからあげます

背中でボールをはさんだまま立ちあがります

棒キャッチ

3人がそれぞれ棒を持ち、
3メートルくらい離れます

赤（写真中央）
の棒を持った選
手が動き出します

ほかの2人も反応して動き出し、そ
れぞれがとなりの棒をつかみます

となりの棒が倒れないようにキャッチする

棒を使ったコーディネーションドリルを紹介しましょう。2〜4人がそれぞれ棒を持って、3メートルくらい離れます。

あらかじめ動き出す選手を決めておき、その選手がとなりの棒が倒れないように、すばやく走ってキャッチします。

その動きが始まった瞬間に、ほかの2選手も動き出し、それぞれがとなりの棒をキャッチします。相手のことも考えて、スタートしましょう。

棒を倒さない練習ですが、フロアを傷つけないように、倒してもいい柔らかい棒を使うようにしてください。

ポイント

すばやい反応を心がける

ポイントは、最初に動き出す選手にすばやく反応することです。この「反応能力（リアクション）」もコーディネーションドリルにおいては重要なテーマの１つで、バスケットボールにもとても役立ちます。なかまからのパスにすばやく反応したり、相手の動きにすばやく反応できるようになるからです。

わるい ×

反応が遅れると、棒をつかめず、倒してしまいます

棒が倒れないように、すばやく動きましょう

鬼ごっこ

鬼ごっこ

20 人くらいの大勢で行う場合には
鬼を2人にして行います

鬼がタッチしてつかまえます

ドリブル鬼

全員がボールを持って広がります

自分のボールをまもりながら、
ほかの選手のボールを取ります

「鬼ごっこ」と「ドリブル鬼」

　バスケットボールに必要な走る力や止まる力、そしてすばやく方向をかえる動きも身につけられるのが「鬼ごっこ」です。友だちを追いかけ、追いかけられることによって、相手との「かけひき」をおぼえることもできます。

　楽しく行えるものであれば、どんな鬼ごっこでもOKです。たとえば、鬼につかまった後、両足を開いて止まり、なかまがその足をくぐれば生きかえる「地蔵鬼」もおすす

生きかえることができます

つかまったら両足を開いて止まり、
他の選手がくぐって助けます

ほかの選手が2つのボールをついている
選手のボールを取ろうとします

ボールを取ったら2つのボールを
つきながら逃げます

めです。

また、全員がボールを持ってドリブルしながら行う「ドリブル鬼」もよい練習です。ほかの選手のボールを取ったら、2つのボールをつきながら逃げましょう。

チェック

練習時間以外にもこのような遊びを

このような鬼ごっこを通じて、「反応能力(リアクション)」や「変換能力(アダプタビリティ)」を向上させられます。それらはまさにバスケットボールがうまくなるには欠かせない能力です。練習時間以外にもこのような遊びを友だちと行ってみてはどうでしょうか。

サークルコーディネーション

5～8人がそれぞれボールを持ち、サークルくらいに広がってスタートします

コーチの合図が鳴ったら決められた動きを行おう

5～8人がそれぞれボールを持ち、サークルくらいに広がって行うコーディネーションドリルを紹介しましょう。同じ向きに走りながら行うこのコーディネーションドリルは、仲間とのコミュニケーションが必要で、チーム練習にうってつけです。

軽く投げあげながら走り、コーチの合図にあわせて、決められた動きを行います。たとえば、次のとおりです。

・自分で投げあげたボールを、体を一回転させてキャッチする
・前を走る選手が投げあげたボールをキャッチする
・後ろの選手が投げあげたボールをキャッチする
・自分で投げあげたボールを背後でキャッチする

チェック

練習テーマとなる能力を意識して取り組む

この練習にはいろいろな能力が関わっています。まわりと等間隔《とうかんかく》を保ちながら動くには「リズム能力」が不可欠ですし、コーチの合図に反応する能力も大切です。さらに投げあげられたボールをキャッチするには、ボールの位置を正確にはあくする「定位能力（オリエンテーション）」が求められます。そのように練習テーマとなる能力を意識して取り組みましょう。

前の選手が投げあげたボールをキャッチ

前の選手のボールを見ながら、リズムをとります
合図が鳴ったら、後ろの選手が取りやすいボールを投げあげます
後ろを走っていた選手は、前の選手が投げあげたボールの落下地点に走ってキャッチします

自分で投げて一回転してキャッチ

合図が鳴ったら、自分のボールを投げあげます
体を一回転させます
落下してきたボールをキャッチします

チェック

シュート練習やドリブル練習との違い

コーディネーションドリルには、シュート練習やドリブル練習との違いがあります。コーディネーションドリルはできるようになったら、どんどん難しくしていくことが大切だということです。そのほうが、簡単にできる練習をくり返すより効果があるのです。このようなコーディネーションドリルとは違い、シュート練習やドリブル練習は基本が体にしみつくように反復練習をしましょう。

自分で投げて背後でキャッチ

合図が鳴ったら、自分のボールを投げあげます
ボールをよく見て走るスピードをコントロールします
落下してきたボールを背後でキャッチします

後ろの選手が投げあげたボールをキャッチ

合図が鳴ったら前を走る選手にとって取りやすいボールを投げあげます
後ろの選手が投げあげたボールの位置をはあくします
後ろの選手が投げあげたボールの落下地点に走ってキャッチします

ふろく

試合《しあい》に出《で》よう！

基礎知識①

ミニバスケットボールについて知ろう

中学生以上の試合と違う点は？

小学生が出場できるミニバスケットボールの試合では、中学生以上のバスケットボールと同様、コート上にはそれぞれ5人ずつが入り、5人対5人で試合を行います。でも、それぞれのチームが最低10人ずつ選手を出場させなくてはならないため、多くの選手に出場するチャンスがめぐってきます。

さあ、ミニバスケットボールのことをもっと知って、試合に出ましょう。ボールの大きさやゴールの高さ以外にも、中学生以上の試合と少し違うことがあるので整理しておきましょう。

整列
試合に出る5人ずつが一列にならびます
礼
審判の合図で、みんながいっせいに礼をします
握手
いい試合になるように、相手と握手をします

ふろく　試合に出よう！

ゴールの高さ

2メートル 60 センチ
（中学生以上は3メートル5センチ）

ボールの大きさ

中学生以上のボールより小さい
5号球
（円周約 69 ～ 71 センチ／
重さ 470 ～ 500 グラム）

試合の流れのなかでの得点

2点。
フリースローは1本につき1点
（中学生以上は3ポイントライン
の外からのシュートは3点）

攻撃時間

30 秒
（中学生以上は 24 秒）

試合時間

4クォーター制／各6分
（中学生は各8分／
高校生以上は各 10 分）

出場選手数

先発の5人と、交代要員の5人、最低 10 人は出場しなくてはならない。
（中学生以上では、5人だけで
戦うチームもある）

センターサークルでみんながかまえると、審判がボールを投げあげます

ジャンプボール

投げあげられたボールをジャンプした選手がはじいてスタートです

ティップオフ

1つ1つのプレーを大事にして一生懸命プレーしましょう

ボールのうばい合い

ヴァイオレーションとは?

できるだけ試合でのミスを少なくしよう

相手とぶつかっていないのに、相手ボールになってしまうことがあります。このような相手との接触がないルール違反のことを「ヴァイオレーション」と言います。ヴァイオレーションをとられると、そこからもっとも近いラインの外から相手チームのスローインで試合が再開されます。ヴァイオレーションにはどういうものがあるか知って、試合でミスしないようにしましょう。

ヴァイオレーションによるミスは、大きく3つに分けられます。ドリブルやパスのミス、制限時間をまもらないミス、そしてフリースローやスローインのミスです。それらのミスで勝敗が決まることもあるので注意しましょう。

ドリブルのヴァイオレーション

ドリブルしてはね返ってきたボールの下半分をさわり、再びボールをつくとダブルドリブルになってしまいます

フリースローのヴァイオレーション

フリースローラインをふんでフリースローを打ったり、5秒以内にフリースローを打たないとヴァイオレーションになってしまいます

両足着地のトラベリング

ボールを持ってジャンプして両足着地し、3 歩進んでドリブルを開始するとトラベリングになってしまいます

片足着地のトラベリング

ボールを持ってジャンプして片足着地し、3歩進んでドリブルを開始するとトラベリングになってしまいます

チェック

中学生以上のヴァイオレーションとの違い

ミニバスケットボールでは 30 秒以内にシュートを打たないとヴァイオレーションになりますが、中学生以上の試合ではそれが 24 秒と短くなります。またミニバスケットボールではセンターラインを超える秒数は決められていませんが、中学生以上は8秒以内にセンターラインをこえないとヴァイオレーションになることを知っておきましょう。

ファウルとは？

ドリブルする選手に対するファウル

ドリブルする選手のことをつかんだり、ぶつかったりするとファウルになってしまいます

シュートする選手に対するファウル

シュートする選手の手や腕をたたくなど、体に接触するとファウルになり、2本のフリースローを与えてしまいます

ルールをしっかり理解してプレーしよう

相手との接触があるルール違反のことを「ファウル」と言います。とくにシュートの動きに入っている選手にファウルすると、2本のフリースローを相手に与えてしまいます。さらにファウルをしながらシュートが入った場合には、シュートの2点と1本のフリースローを与えてしまいます。

ただしファウルかどうかを判定するのは、試合で笛をふく審判です。その審判がどの

攻撃している時のファウル

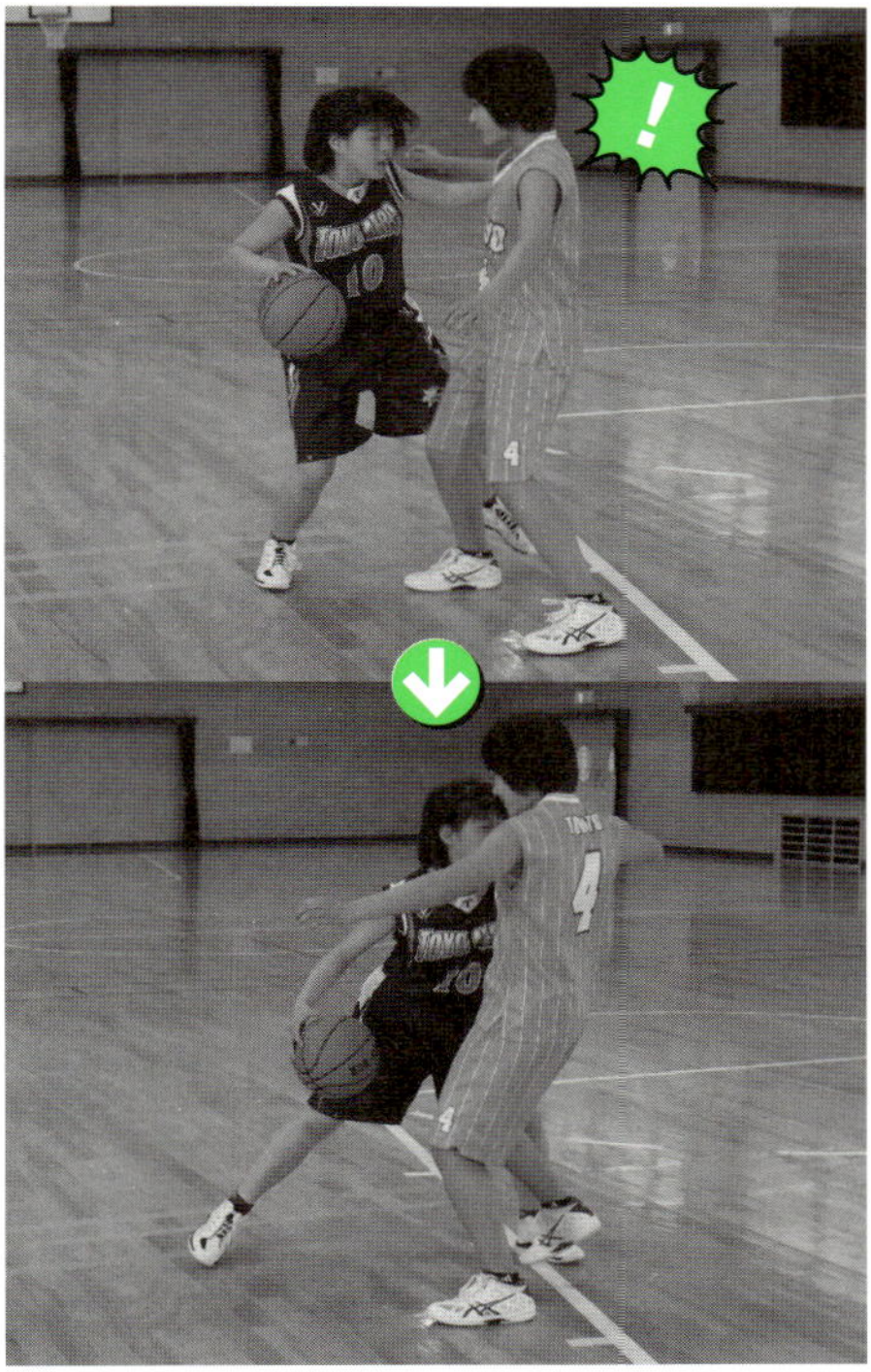

相手が先にコースに入っているのに、攻撃側が手で押したりぶつかっていくと、オフェンスファウルとなってしまいます

リバウンドをあらそう選手に対するファウル

相手を押してからリバウンドをとるとファウルになってしまいます

ポイント

ルール上、接触は禁止だが…

バスケットボールはルールで、接触が禁止されています。でもおたがいが押し合っている状況など、ファウルにならないことがよくあります。ですから相手が接触しているからといって、審判に「押している！」などアピールしないようにしましょう。たとえ相手に押されてもその力を受け止めて、自分のプレーをする強さを身につけることが大切です。

ようなことをファウルにするかすぐに理解してプレーすることが大切です。

下半身のウォーミングアップ

ももの外側／おしり

片足を逆足のももにのせ、「4の字」に足をくみます。4～6回左右交互に行いましょう。

ももの裏側／おしり

両手で片方のひざをかかえて、胸に引きつけます。フロアについている足はつま先立ちになり、ひざが曲がらないように。左右交互に4～6回。

激しい運動をスムーズに行えるようにするために

安全にプレーする大切さについては第5章（136ページ）でも触れましたが、再度、けがをしないためのウォーミングアップ（準備運動）を紹介します。バスケットボールでは次のような動作が連続するため、足をけがしてしまいがちなのです。

・すばやく走る
・急に止まる
・急に走る方向を変える
・強くふみきって高くジャンプする
・着地する
・着地してすぐにまた走る

このような激しい運動をスムーズに行えるようにするため、下半身のウォーミングアップを大事にしてください。

もものうら側／ふくらはぎ

片足のつま先をフロアから浮かし、それを前屈して軽くつかみます。10回くらい左右交互に行いましょう。

ももの前／足首の前

片足のひざを後ろに曲げ、その足のつま先を逆の手で持ちます。もう一方の手は上にのばして体をまっすぐにし、つま先立ちになります。交互に行いましょう。

ももつけ根

両手を頭のあたりに置き、片足を大きく前にふみ出します。体をまっすぐにしたまま腰をしっかりと落として、ひざはつま先より前に出します。そのままおきあがって逆足をふみ出します。

上半身のウォーミングアップ

体をスムーズに動かせるように

下半身のウォーミングアップに、上半身のメニューを加えていきます。けがの予防の目的ももちろんありますが、写真のようなウォーミングアップを毎日行うことによって、体が柔らかくなり、関節の動く幅が広がります。これを「可動域」と言います。

この可動域を広げることによって、ボールをコントロールする動きの幅が広がります。つまり、シュートやドリブル、そしてパスといったテクニックを発揮しやすくなるということです。

毎日少しずつでいいので、このような上半身のウォーミングアップも行うようにしましょう。

わき腹／後ろ足のつけ根

片足を大きくふみ出し、逆側の手をまっすぐ前方にのばします。そしてわき腹をひねるようにして、前にのばす手をかえます。左右交互に行い、手は肩の高さをキープします。

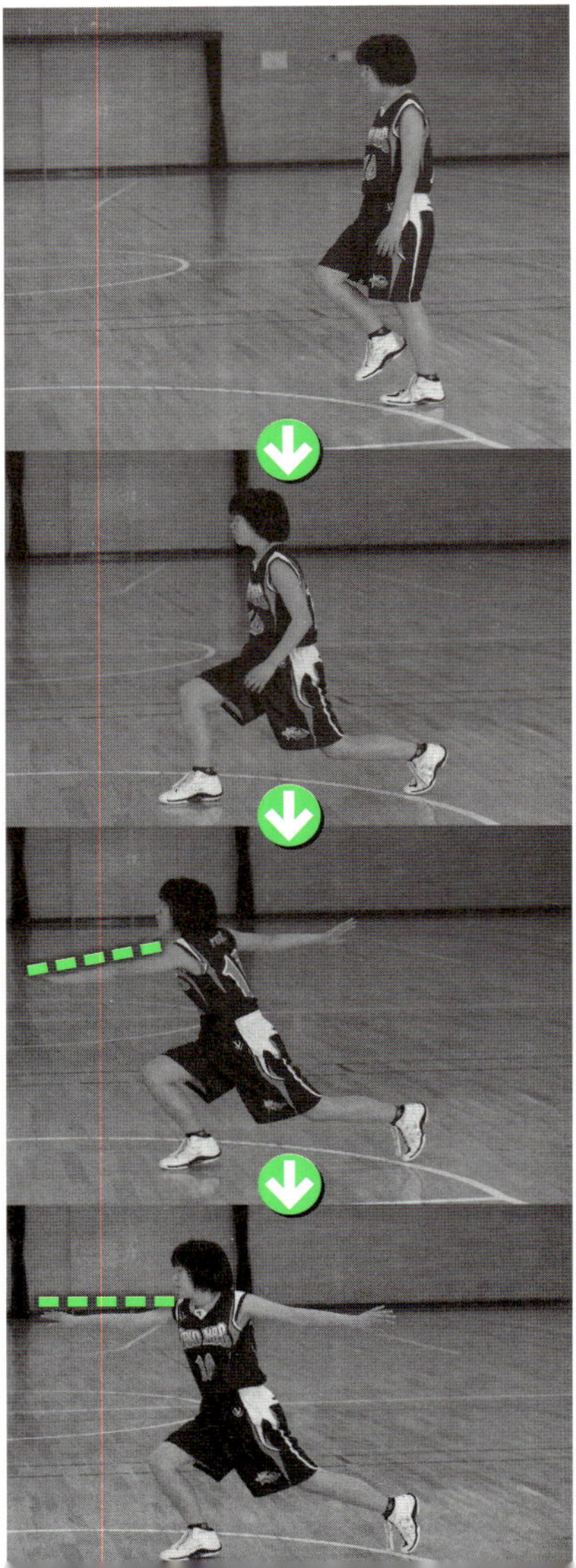

肩／腕

両方の腕を横にのばし、ひじから手までを曲げて上に向けます。一度腕を天井に向けてまっすぐにのばして、もとの状態にもどります。そして曲げた左右のひじと手をくっつけて再び開きましょう。シュートをスムーズに打つために肩甲骨をしっかりとほぐします。

肩／胸

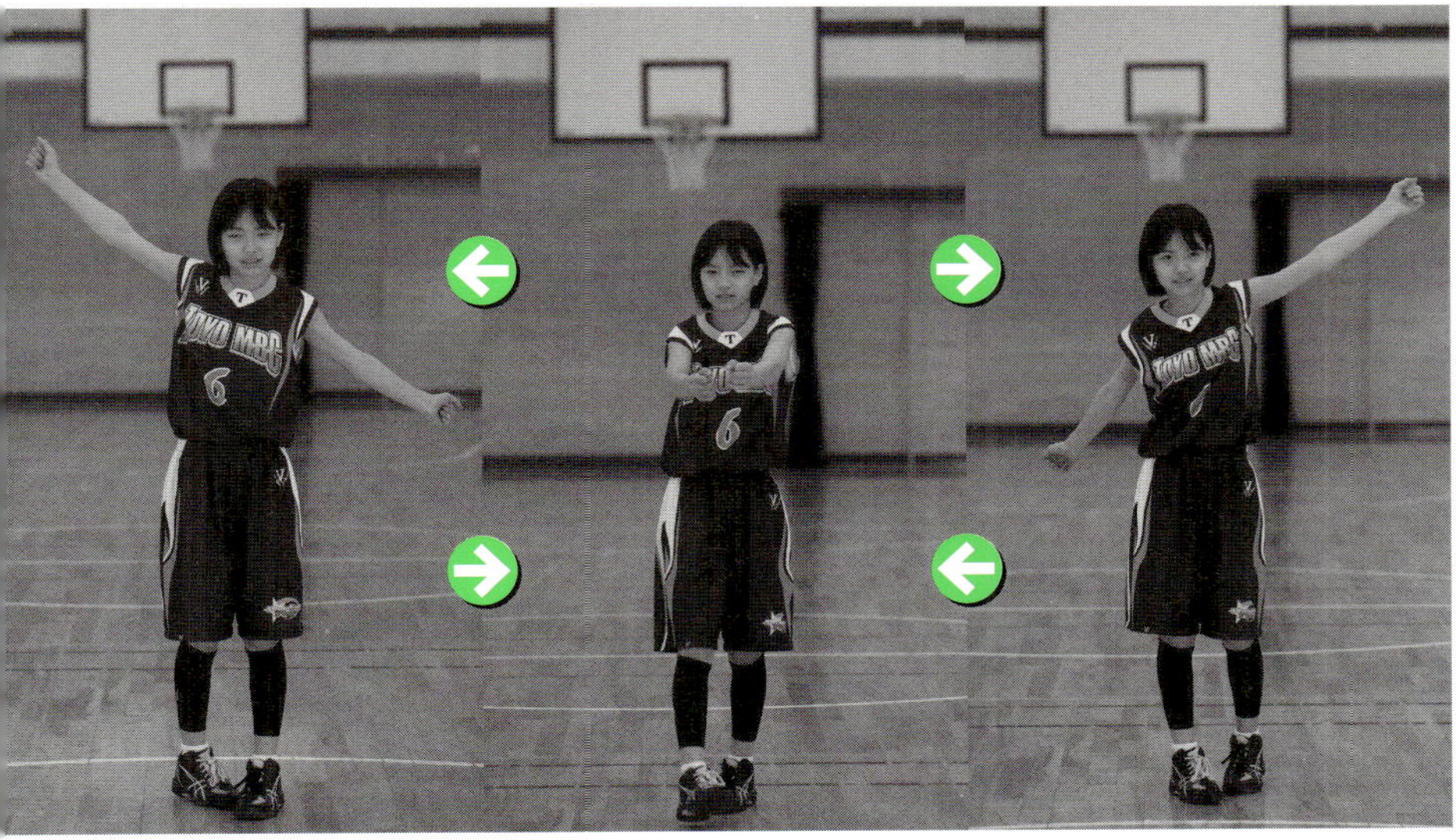

体の前で両手をくっつけた状態から、左手が斜め上なら右手は逆側の斜め下にのばして体を開きます。一度体の前でくっつけて、次に右手を斜め上に、左手を斜め下にのばして体を開きます。

けがを予防してプレーしよう

股関節／ももの裏側

ひざをのばしたまま、前方に片足を高くあげて、あげた足とは逆の手でタッチします。フロアについている足は、つま先立ちです。左右交互に行いましょう。

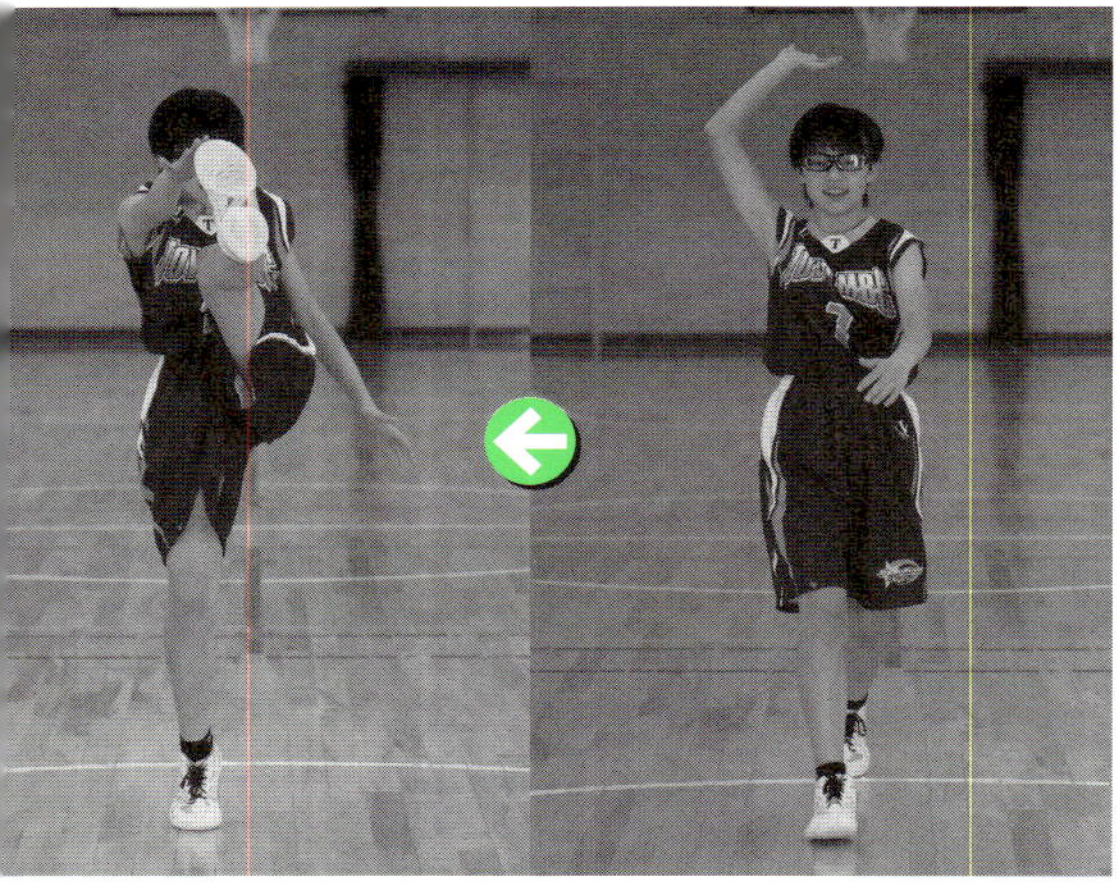

股関節／ももの内側

ひざをのばしたまま、横に片足を高くあげて、あげた足と同じ手でタッチします。フロアについている足は、つま先立ちです。左右交互に行いましょう。

股関節

片方のひざを曲げてから横にあげ、同じほうのひじでタッチします。できるだけ体をまっすぐにしたままタッチしてください。左右交互に行いましょう。

汗がフロアについた時

練習や試合で倒れた時など、汗がフロアについてしまうことがあります。そのままにしておくと、汗で滑ってけがする選手が出てきてしまいます。練習中に気づいたら自分でふくようにし、試合では「モッパー」という係にふいてもらうようにお願いしましょう。

シューズ

シューズをはいた時、つま先に1センチくらいの余裕があるのがサイズを選ぶ基本です。そして適度の強さでひもをしばり、しっかりと足を固定してください。また、ひもが外に飛び出していると、逆の足で踏んだり、ほかの選手にふまれてしまうので注意しましょう。

水分補給

水分を発汗量の50～80%とることが大切です。水分補給をがまんしてプレーを続けると、集中力が落ちてけがにつながったり、体調が悪くなります。試合前には250～500ミリリットルの水分補給を、また暑い日は、塩分補給をこまめに行うように心がけてください。

シューズ、水分補給、そして床についた汗…

このようにミニバスケットボールは走って止まり、ジャンプして着地する激しいスポーツです。それだけにけがをしないように、ウォーミングアップの動きも少しずつ大きくしていきます。これを「ダイナミックストレッチ」と言います。さらに大事なことはほかにもあります。

あなたは、ぶかぶかのシューズをはいていませんか?

フロアの汗をそのままにしていませんか?

練習や試合の合間の水分をがまんしていませんか?

けがなどには十分に気をつけてミニバスケットボールを楽しんでくださいね。

あとがき

難しいプレーや、コーディネーションドリルに積極的に挑戦しましょう

みなさんはバスケットボールの基本プレーやコーディネーションドリルができましたか？　できた子は自信につなげて、もっともっと難しいことにチャレンジして練習しましょう。たとえできなくてもがっかりする必要はありません。むしろ最初はうまくできなくてあたりまえです。

基本プレーは何度もくり返しておぼえるようにしましょう。そしてコーディネーションドリルについてはできなくてもまったく肩を落とすことはありません。やろうとしてチャレンジすることが大切で、そのなかでみんなはうまくなっているはずだからです。

そうしてバスケットボールを始めてすぐに、コーディネーションドリルに積極的に取り組み、少しずつ難しいプレーにチャレンジしてほしいと思います。小さい頃おぼえようとしたことは体にしみついて忘れません。自転車に乗れるようになるのと同じです。こわいもの知らずのうちにいろいろなことに挑戦したほうが先につながるのです。

たとえ今はできなくても、どこかのタイミングで、できるようになることだってあります。難しいことに挑戦することを楽しんでください。それがバスケットボールの上達につながるはずです。

大熊徳久

監修者

大熊徳久

おおくま・のりひさ／昭和 36 年2月 14 日生まれ、東京都出身。ミニバスケットボールを指導して 32 年。長房ミニバスクラブ、大和田ミニバスクラブのアシスタントコーチとして 4 回、全国大会に出場し、ブロック優勝にチームを導いたこともある。現在は陶鎔ミニバスケットボールクラブで指導するとともに、下記を兼務する。

・日本バスケットボール協会
　ユース育成事業マネジメントグループ　U-12 担当
・日本ミニバスケットボール連盟　普及技術委員会／技術部長
・東京都ミニバスケットボール連盟　技術委員会／技術委員長
・日本バスケットボール協会公認B級コーチ

撮影協力

陶鎔ミニバスケットボールクラブ
女子チーム

陶鎔ミニバスケットボールクラブ
男子チーム

別所ビーバーズ

STAFF

編集	渡辺淳二
写真	圓岡紀夫
本文デザイン	上筋英彌・上筋佳代子（アップライン株式会社）
カバーデザイン	柿沼みさと

パーフェクトレッスンブック

ミニバスケットボール
基本と能力アップドリル

監　修	大熊徳久（おおくまのりひさ）
発行者	岩野裕一
発行所	株式会社実業之日本社

〒153-0044　東京都目黒区大橋1-5-1　クロスエアタワー8階
［編集部］03（6809）0452　［販売部］03（6809）0495
実業之日本社ホームページ　http://www.j-n.co.jp/

印　刷	大日本印刷株式会社
製本所	株式会社ブックアート

ⓒNorihisa Okuma 2016 Printed in Japan（第一スポーツ）
ISBN978-4-408-45600-3

落丁・乱丁はお取り替えいたします。

実業之日本社のプライバシーポリシー（個人情報の取り扱い）については上記ホームページをご覧下さい。
本書の一部あるいは全部を無断で複写・複製（コピー、スキャン、デジタル化等）・転載することは、法律で認められた場合を除き、禁じられています。また、購入者以外の第三者による本書のいかなる電子複製も一切認められておりません。